Dyddiaduron
Richard Tudor, Llysun

Argraffiad cyntaf: 2025
Ail argraffiad gan Y Lolfa: 2025

Dymuna'r cyhoeddwyr gydnabod cymorth ariannol
Pwyllgor Gwobr Llanbrynmair.

ISBN: 978-1-80099-789-9

Bydd elw'r llyfr hwn yn mynd at bapur bro *Plu'r Gweunydd*.

Dylunio: stiwdioceri@gmail.com

Cyhoeddwyd ac argraffwyd yng Nghymru gan
Y Lolfa Cyf., Talybont, Ceredigion, SY24 5HE
e-bost ylolfa@ylolfa.com
gwefan www.ylolfa.com
ffôn 01970 832 304

Cynnwys

Rhagymadrodd

"Gŵr cariadus, tad gofalus, mab a brawd delfrydol, ffermwr penigamp, stocman a bugail craff, cyfaill triw, cymydog gwych, arweinydd brwdfrydig, pwyllgorwr call a synhwyrol gydag ysgwyddau llydan!, sgwrsiwr naturiol a deallus, Cymro cadarn a cholofnwr ardderchog, cymwynaswr heb ei ail, HALEN Y DDAEAR."

Alwyn a Catrin Hughes, Llangadfan

Fe ysgrifennodd Richard Tudor, Llysun, erthyglau misol i bapur cymunedol *Plu'r Gweunydd* o Fawrth 2015 i Fawrth 2020. Prin iddo golli mis er ei deithiau o amgylch y byd a'i ymrwymiadau eraill. Byddai darllenwyr *Y Plu* yn edrych ymlaen at ddarllen ei erthyglau bob mis ac yn eu trysori.

Mae pum mlynedd wedi mynd heibio ers colli Richard yn ystod pandemig COVID-19, ac felly roedd rhaid mynd ati i roi'r llyfr at ei gilydd gan sicrhau bod ei holl waith ar gof a chadw. Nid yw'r broses wedi bod yn hawdd, er bod hel atgofion wedi dod â gwên i'r wyneb.

Bu i Rich fyw bywyd llawn gan fwynhau pob eiliad. Roedd yn amaethwr angerddol ac er iddo ennill gwobr *Farmers Weekly* yn 2016 am y Ffermwr Biff Gorau, penderfynodd ar ôl ei waith ymchwil ag Ysgoloriaeth Nuffield, i droi Llysun yn fferm laeth a chefnu ar y gwartheg biff a'r defaid. Mae ei erthyglau olaf i'r *Plu* yn cyfleu ei gyffro wrth iddo edrych ymlaen at y fenter newydd efo Morgan – er dwi'n dal ddim yn siŵr sut y llwyddodd i berswadio fy nhad!

Yn ogystal â bod ar sawl pwyllgor amaethyddol, roedd hefyd yn angerddol dros ei gymuned. Gwirfoddolodd ei amser i nifer o fudiadau ac roedd yn barod iawn ei gymwynas ag Ysgol Gynradd Dyffryn Banw ac yntau'n Gadeirydd y Llywodraethwyr. Roedd hefyd yn mwynhau helpu CFfI Dyffryn Banw – dros ei fisoedd olaf bu iddo hyfforddi Lois, Erin a Llinos ar gyfer cystadleuaeth y ddrama, hynny ar ôl bod yn gweithio pob awr o'r dydd ar y fferm er mwyn sicrhau bod ei fenter newydd yn dwyn ffrwyth a'u bod yn dechrau godro ar y 1af o Fawrth.

Ond yn fwy na dim roedd Richard yn dda am gymdeithasu a byddai wir yn mwynhau nosweithiau allan! Er yn fwy diweddar, byddai'n archebu peint o laeth yn hytrach na pheint o lager gan bwysleisio manteision iechyd naturiol llaeth o'i gymharu â chwrw! Roedd yn chwareus, yn ddireidus ac yn llawn hwyl.

Fe wnaeth Rich gyflawni llawer mewn 45 mlynedd. Roedd yn byw bywyd i'r eithaf ac roedd yn llawn cyffro wrth weld y trawsnewidiadau diweddaraf ar y fferm. Ond ychydig a feddylion ni y byddai'r fath drychineb yn digwydd yn Llysun ar y 3ydd o Ebrill 2020.

Roedd Richard yn ddyn arbennig ac mae'n bwysig i mi a'r teulu bod cynulleidfa fwy yn cael mwynhau ei erthyglau yn y *Plu*. Roedd yn ddyn teulu, dyn ei gymdeithas, Cymro i'r carn, cyfaill i nifer ar draws y byd, a pherson poblogaidd efo'i wên ddireidus – ac yn fwy na dim mae'n wir haeddu cael ei gofio.

Roedd yn un o hoelion wyth sawl mudiad a chymdeithas, dyn uchel ei barch, ac un y roedd nifer yn meddwl y byd ohono – ond neb yn fwy na'i deulu.

Dymunwn fel teulu ddiolch i bawb am eu cefnogaeth a'u caredigrwydd dros y blynyddoedd diwethaf.

Cath Tudor

Teyrnged i Richard Tudor 1974-2020

Amaethwr a dyn busnes llwyddiannus a phoblogaidd gyda gweledigaeth i sicrhau dyfodol llewyrchus i ffermwyr yng Nghymru, â'r awch i wneud gwahaniaeth.

Cafodd Richard ei fagu yn Nyffryn Banw ar y fferm deuluol, Llysun. Dyma ble'r oedd yn ffermio gyda Tom ac Ann ei rieni, ei wraig Catrin a'r plant Morgan a Lois. Mynychodd yr ysgolion cynradd ac uwchradd lleol lle'r oedd yn brif ddisgybl cyn symud ymlaen i brifysgol Aberystwyth i astudio Amaeth a Busnes. Yn ystod ei gwrs gradd treuliodd flwyddyn yn gweithio ar fferm yn Oregon yn yr Unol Daleithiau. Wedi graddio aeth am flwyddyn o brofiad gwaith i Seland Newydd cyn dychwelyd adref gyda thân yn ei fol.

Roedd yn aelod gwerthfawr a brwdfrydig o sawl cymdeithas a mudiad yn cynnwys Hybu Cig Cymru lle cyfrannodd i ddatblygiad strategol y sefydliad. Bu hefyd yn rhan o waith ymchwil a datblygu o fewn y bwrdd, gan gynnwys ariannu ceisiadau myfyrwyr PhD a MSc.

Bu'n fentor busnes ar ran Llywodraeth Cymru gan gefnogi ffermwyr ifanc drwy rannu cyngor ac arweinyddiaeth ar eu busnesau. Roedd helpu eraill, yn enwedig ym maes amaeth, yn rhan o'i natur a'i gymeriad. Roedd yn ysbrydoliaeth i sawl un a bydd ei ddylanwad yn parhau gan iddo drosglwyddo'i hyder a'i egni i gymaint o ffermwyr.

Roedd Richard yn gadeirydd ymroddgar a thriw ar Lywodraethwyr Ysgol Gynradd Dyffryn Banw ers dros ddeng mlynedd, ac yma eto roedd ei weledigaeth a'i ddoethineb yn ysbrydoliaeth. Ef oedd cadeirydd papur bro *Plu'r Gweunydd* a phleser fyddai darllen ei golofn fisol. Bu'n gadeirydd ac arweinydd Clwb Ffermwyr Ifanc Dyffryn Banw. Mae nifer yn cofio amdano fel perfformiwr arbennig a enillodd y wobr am yr Actor Gorau drwy Gymru. Roedd hefyd yn gynhyrchydd hynod ddawnus a brofodd lwyddiant cenedlaethol. Daliai i weithio'n ddiwyd â'r clwb gan gynnig arweiniad a hyfforddiant i'r bobl ifanc oedd yn llawn edmygedd ohono. Chwaraeodd bêl-droed bob dydd Sadwrn i dîm Dyffryn Banw am dros ugain mlynedd, ac roedd hefyd yn hyfforddi timau pêl-droed a rygbi'r ysgol leol. Dangosodd ddiddordeb mawr ym myd ffotograffiaeth hefyd, ac roedd ganddo lygad graff am lun da.

O'r gwobrau a'r ysgoloriaethau lu a enillodd Richard ar hyd ei yrfa, y brif un heb os oedd Ysgoloriaeth Ffermio Nuffield yn 2017 i deithio Gogledd a De'r Amerig ac Ewrop i astudio pwysigrwydd pridd mewn systemau tir glas – gwaith hollbwysig o ran datblygu cynhyrchiant gwartheg a defaid mynydd er mwyn hybu ffermio cynaliadwy.

Oherwydd yr holl brofiadau a gafodd wrth deithio roedd yn ŵr gwadd hynod boblogaidd a difyr. Dyn pobl oedd Richard, bob amser â gwên ar ei wyneb. Er ei fod yn cymryd ei waith a'i ddyletswyddau yn gwbl o ddifri, roedd yna elfen gref o ddireidi o'i gwmpas hefyd, ac roedd bob amser yn barod am hwyl!

Enillodd wobr *Farmers Weekly* yn 2016 am y Ffermwr Biff Gorau wedi iddo syfrdanu'r beirniaid gyda'i sgiliau busnes eithriadol mewn hinsawdd ddigon ansicr i ffermwyr. Dim syndod felly fod y fferm yn safle ymweld ac arddangos gyda Chyswllt Ffermio.

Mae 'na gwmwl du dros Ddyffryn Banw ar ôl colli Rich. Roedd yn ffrind, yn ddyn teulu mawr, yn ŵr cariadus i Catrin ac yn dad arbennig i Morgan a Lois. Cafodd y weledigaeth i drawsnewid Llysun i fod yn fferm odro'r llynedd yn rhannol oherwydd Brexit, a newydd gychwyn ar y gwaith o odro oedd y teulu.

Yng ngeiriau Morgan: "Doeddwn i'n methu aros i gwblhau'r bennod nesaf o'n bywydau efo'n gilydd. Diolch am roi dy frwdfrydedd i fi a gobeithio y galla i dy neud di'n falch ohona i yn y blynyddoedd i ddod."

Cafwyd teyrngedau o bedwar ban byd yn dilyn ei farwolaeth sydyn. Bydd bwlch enfawr ar ei ôl.

Beryl Vaughan

Plu'r Gweunydd

Dyddiaduron 2015

Mawrth 2015

Wrth ddechrau pennod newydd fel colofnydd byd amaeth *Plu'r Gweunydd* hoffwn ddiolch yn fawr i Nigel Wallace ar ran holl amaethwyr yr ardal am ei gyfraniad i'r papur bro drwy ei erthyglau diddorol a thrylwyr dros y blynyddoedd. Nid hawdd fydd canlyn Nigel, ond mi ymdrechaf fy ngorau bob mis.

Wedi ystyried strwythur fy ngholofn rwyf wedi penderfynu ei rhannu yn dri darn, sef:

- Bywyd ar y ffarm – a fydd yn crynhoi'r digwyddiadau diweddaraf a thymhorol sy'n digwydd yn Llysun dros y mis
- Y diwydiant amaeth – a fydd yn crynhoi digwyddiadau diweddaraf y diwydiant efo gwleidyddiaeth a pholisïau o bwys
- Cystadleuaeth ffotograffiaeth – ychydig o hwyl efo'r llun buddugol yn cael ei arddangos ar ddiwedd fy erthygl. Bydd testun gwahanol bob mis

Bywyd ar y ffarm

Efo tymor yr wyna yn prysur agosáu, mae cylch blwyddyn y defaid ar fin dechrau. Mae'r defaid i gyd wedi cael eu sganio a'u rhannu i'w grwpiau – 'singles', 'twins' a 'triplets'. Mae'r twins a'r triplets wedi dechrau cael dwysfwyd (18fed), tra bod y singles a'r twins hwyrach yn cael silwair. Pwysig iawn yw cael ansawdd eich silwair/gwair wedi ei ddadansoddi er mwyn gwybod y maeth sy'n bresennol (neu'n absennol) ynddo. Efo ansawdd da mae modd gwneud arbedion sylweddol ar y defnydd o ddwysfwyd.

Erbyn hyn mae tua hanner y defaid o dan do ac ar ôl gwerthu ychydig o wartheg stôr yn y Trallwng ddydd Mawrth (24ain) mi fydd yna le i roi mwy o twins i mewn, a rhoi cyfle i'r borfa cael seibiant.

Mae'r gwartheg wedi cael eu triniaeth flynyddol, sef bolws 'trace element', brechlyn BVD, Lepto a 7-1, ac mae prawf TB ar y fuches gyfan ddydd Gwener (27ain). Ni fedraf bwysleisio pwysigrwydd brechlyn i atal y clwy BVD ddigon. O'r holl heintiau a'r afiechydon sy'n wynebu ein gwartheg, BVD yw'r gwaethaf. Mae'r clwy yma yn wraidd i fwyafrif yr afiechydon sy'n cael effaith ar ein lloi a'n gwartheg. Wrth dargedu'r system imiwnedd mae'r tebygrwydd o gael sgwrio a niwmonia yn eich lloi yn llawer uwch, ac mi fydd ffrwythlondeb y gwartheg yn llawer is os yw'r haint yma yn bresennol. Fel ffermwyr, os nad ydych yn amddiffyn eich buches rhag BVD, rwy'n erfyn arnoch i drafod y mater efo'r milfeddyg. Y newyddion da yw bod BVD yn gymharol hawdd i'w drin.

Y diwydiant amaeth

Mae ansicrwydd y Cynulliad ar y ffordd orau i ddosbarthu'r Taliad Sengl yn creu gofid – dim ond gobeithio y bydd tegwch i gael. Erbyn yr erthygl nesaf gobeithio y byddwn wedi cael ychydig o oleuni ar y mater.

O fis Mawrth bydd hi'n orfodol i bob ci yng Nghymru gael meicrochip. Mae Wynnstay yn cynnig y gwasanaeth ar ddyddiau arbennig, felly manteisiwch ar y cyfle a chysylltu â nhw.

Ffotograffiaeth

Efo tymor yr wyna ar ddechrau, pwnc y mis yma fydd selffi/hunlun. Edrychaf ymlaen at ddadansoddi eich lluniau!

Hwyl am y tro!

Ebrill 2015

Ar y ffarm rydym yng nghanol yr wyna erbyn hyn ac er yr holl dywydd teg a gafwyd, mae'r defaid wedi penderfynu bwrw iddi go iawn yn sŵn y gwynt a'r glaw! Mae'r haul yn gwneud bywyd yn haws i ddyn a chreadur yr adeg yma o'r flwyddyn.

Cawsom ddiwrnod da yn gwerthu'r gwartheg stôr efo prisiau yn adlewyrchu'r holl waith ac amser sydd wedi'i roi i'w magu. Braf oedd gweld un prynwr o Swydd Henffordd yn prynu'r mwyafrif, a'r gwartheg yn cael aros efo'i gilydd.

Yn dilyn y sêl bu prawf TB ar y fuches gyfan a rhyddhad oedd cael prawf clir arall. Erbyn hyn mae'r gwartheg sydd yma wedi cael eu profi pum gwaith yn y 14 mis diwethaf. Mae oblygiadau TB ar fuches biff yn hunllefus – nid yn unig oherwydd y gwaith profi sydd ar y gwartheg a'r lloi bach bob 60 diwrnod, ond hefyd y cyfyngiad o fethu gwerthu gwartheg a'r canlyniad ariannol i hynny, heb sôn am y poen meddwl parhaol.

Rwyf wedi bod ar ddau gwrs sprayio ers y rhifyn diwethaf; PA1 a PA2. Roedd y cyntaf yn gwrs ar ddefnydd saff o 'pesticides' a'r ail gwrs ar sut i ddefnyddio spreiar. Mi fydd y cymwysterau hyn yn angenrheidiol i fedru prynu a defnyddio pesticides o eleni ymlaen. Mae'n rhaid cyfaddef bod y cwrs wedi bod yn ddiddorol ac yn atgoffa rhywun am bwysigrwydd defnyddio cemegion yn effeithiol ac yn saff.

Mae Samson, y ci hela ifanc, wedi ein gadael ac yn ymuno â'i deulu a'i ffrindiau newydd efo gweddill 'y pac'. Roedd yn ffefryn mawr yma ac yn gymeriad unigryw. Pob lwc iddo efo'r helfa!

Wrth i un ci adael mae dau newydd wedi cyrraedd! Wel, bron... mae dau fyfyriwr wedi dod am brofiad gwaith. Mae Guto Dafydd o Lanrwst wedi ymuno â ni am fis o Goleg Glynllifon a Thomos Goetre o Lysfasi. Mae'r ddau yn frwdfrydig a galluog iawn a braf yw gweld cenhedlaeth ifanc newydd efo'r fath ddiddordeb.

Y diwydiant amaeth

Mae'r dyddiad am geisiadau hyfforddi Cyswllt Ffermio wedi cau erbyn hyn a gobeithio bod pawb wedi manteisio ar y cyfle i gael cymorth, hyfforddiant ac ehangu eu sgiliau. Mae'n bur debyg y bydd Cyswllt Ffermio yn parhau i gynnig gwasanaethau i ddatblygu eich busnesau yn y dyfodol ac edrychaf ymlaen at weld y gyfundrefn newydd pan fydd dyfodol y Taliad Sengl (TS) wedi ei 'gytuno'.

Rwy'n siŵr bod pawb wedi derbyn eu pecyn TS ac unwaith yn rhagor mae'n bwysig cymryd sylw o'r newidiadau. Mae'r NFU a'r FUW yn cynnig gwasanaeth gwych i ffermwyr i'w helpu i lenwi eu ffurflenni, ond cofiwch fwcio eich dyddiad mewn digon o amser. Hefyd, mae'n bosib llenwi'r ffurflenni ar y we, a byddwn yn annog pawb i gofrestru gyda RPW Online sy'n ffordd hawdd o gyfathrebu a rhyngweithio â Llywodraeth Cymru.

Mae noson TS yn cael ei chynnal ym marchnad y Trallwng nos Fercher y 15fed o Ebrill am 7.30pm, a bydd yno gyfle i ofyn cwestiynau a gobeithio cael atebion. Rhaid canmol gwaith y Farm Liaison Service (FLS) sydd yno i helpu ac arwain efo holl reolau a gofynion y gwahanol gynlluniau, o'r TS, Glastir i gofnodi defaid. Mae ffeil wych ar gael ganddynt 'When the inspector calls' sy'n cynnwys popeth o bwys, ac yn rhad ac am ddim.

Ffotograffiaeth
Diolch am y llu o hunluniau/selffis a dyma'r ddau sy'n adlewyrchu'r tymor orau – Ani Llwyd Jones, Ty Grawn, Llanfihangel ac Iwan Roberts, Abernodwydd, Llangadfan. Pwnc y mis nesaf yw 'Hyfrydwch mis Ebrill'.

Pob lwc a hwyl am y tro!

Mai 2015

Ar y ffarm mae'r wyna wedi dod i ben (heblaw am dair dafad!). Mae'r tymor wedi bod yn foddhaol iawn a'r tywydd yn ffafriol sydd wedi lleihau baich y gwaith yn fawr, ac yn fwy pwysig, wedi gwneud y borfa dyfu. Dywedodd hen ffarmwr yn Seland Newydd wrtha i, "You have to be a grass farmer before you become a sheep farmer" ac mae'r dywediad hwn wedi bod yn bwysig i mi ers hynny.

Y criw wyna – Thomos Goetre, Morgan, Guto Dafydd a Des!

Rydym wedi dechrau tocio, ac i ni mae hyn yn cynnwys tocio cynffonnau'r defaid yn barod at y cneifio a gweithio ar yr ŵyn – 'torri' ar ŵyn gwryw, brechu rhag orf, rhoi dos o Cydectin a thorri cynffonnau.

Un o benblethau adeg yma o'r flwyddyn yw pa ddos i'w ddefnyddio i atal llyngyr. Mae'r broblem ymwrthedd (resistance) i foddion lladd llyngyr yn eithaf difrifol, ac eleni rydym am geisio defnyddio llai o foddion lladd llyngyr trwy gymryd sampl baw o'r ŵyn a chyfri'r nifer o wyau llyngyr. Bu Edward Sychtyn yn gwneud gwaith ymchwil efo Hybu Cig Cymru adeg yr hydref y llynedd i ddarganfod maint y broblem ymwrthedd sydd ar ffermydd Cymru. Eto, roedd y canlyniadau yn drawiadol iawn efo llawer o'r moddion lladd llyngyr (drenches) yn aneffeithiol iawn. Mae yna gyfarfod wedi ei drefnu gan HCC i drafod ymwrthedd i foddion lladd llyngyr ar y 6ed o Fai am 2pm ym Marchnad y Trallwng.

Lloio sy'n cael ein sylw i gyd ar y foment. Mae'r gwartheg yn lloio i mewn ac yna o fewn diwrnod maent yn cael eu troi allan. Gwartheg Salers a Simmental sydd yma ond mae'r Salers yn amlygu mwy a mwy. Mantais fawr y Salers yw eu bod yn lloio'n brydlon ac nid ydynt yn mynd dros eu hamser disgwyl. Os caiff buwch Saler a Simmental darw ar yr un diwrnod mi fydd y fuwch Saler yn lloio wythnos yn gynt na'r fuwch Simmental sy'n golygu llai o broblemau lloio a thynnu lloi. Rydym yn rhoi pwyslais mawr ar geisio cael y gwartheg i loio o fewn cyfnod byr a sicrhau bod cymaint â phosib yn cael eu geni yn y tair wythnos gyntaf. Mae ymchwil yn America wedi dangos bod heffrod wedi geni yn y tair wythnos gyntaf yn magu mwy o loi dros eu hoes, ac i bwysau uwch, na'r heffrod oedd wedi eu geni yn yr ail a'r trydydd cylch.

Yn anffodus mae Modlen, yr ast, wedi cael anaf i'w migwrn ac mi fydd yn rhaid iddi gael llawdriniaeth. Golyga hyn y bydd rhaid iddi fod mewn plastar ac ni fydd yn gallu gweithio am dri mis. Rydym yn gweld ei cholli yn barod efo Calon, 'y number two', yn cael trafferth cyrraedd yr un safon a finnau yn gorfod neidio i ffwrdd o'r beic a rhedeg mwy!

Y diwydiant amaeth

Mae etholiad cyffredinol y DU yn agosáu a'r pleidiau yn addo'r cyfan i bawb. Y pwnc sydd o ddiddordeb i lawer o ffermwyr yw agwedd y pleidiau tuag at rwystro a rheoli TB. Yn anffodus mae'r ofn o golli pleidlais yn gryfach na'r awch i sefyll yn gadarn a dweud eu gwir deimladau.

Mae rhaid sôn unwaith eto am y System Integredig Gweinyddu a Rheoli (IACS). Gobeithio eich bod wedi agor y pecyn a dechrau ei lenwi. Mae'r gallu i newid strwythur y ffurflenni o flwyddyn i flwyddyn yn anhygoel, a'r cymhlethdod yn cynyddu'n flynyddol – ar bwrpas efallai?! Y dyddiad cau eleni yw dydd Gwener, 15fed o Fai.

Awydd ehangu eich gorwelion? Mae yna ddwy ysgoloriaeth yn cynnig cyfle gwych i ffermwyr hen ac ifanc i deithio dramor i wlad o'u dewis i ddarganfod dulliau a thechnegau newydd, defnyddiol a phriodol i'r diwydiant. Yn gyntaf mae Ysgoloriaeth Goffa Gareth Raw Rees sy'n agored i unigolion dan 30 oed, ac yn ail mae Ysgoloriaeth Hybu Cig Cymru. Byddwn yn eich annog i gyd i ystyried y cyfle.

Ffotograffiaeth
Diolch i Dylan Tyntwll, Llangadfan, am ei lun o Foel Bentyrch ym mis Ebrill.

Hwyl am y tro!

Gorffennaf 2015

Rhaid dechrau efo'r diweddaraf ar sefyllfa'r cŵn. Yn anffodus ni fu llawdriniaeth Modlen yn llwyddiant ac felly mi fydd rhaid iddi gael llawdriniaeth eto i roi plât yn ei harddwrn – tri mis arall fel claf yn y tŷ felly! Y newyddion da yw bod Calon, y 'number two', wedi ei thrawsnewid ac yn gweithio yn wych, er ei bod yn bygwth troi am adref pan dwi'n codi llais – 'blackmail' go iawn!

Mae'r lloio wedi arafu erbyn hyn ar ôl cyfnod prysur – bu i dri chwarter o'r gwartheg loio yn y mis cyntaf. Yn anffodus mae'r chwarter olaf wedi ymestyn dros gyfnod o chwe wythnos sy'n siomedig, ond yn dangos yr effaith o gael prawf TB yng nghanol y cyfnod atgenhedlu. Credir nad yw buwch yn cydnabod ei bod 'mewn llo' hyd at ddiwrnod 17, ac felly pwysig iawn yw gwneud popeth posib i leihau 'stress' yn y pythefnos cyntaf ar ôl bod efo'r tarw. Daeth dwy fuwch ag efeilliaid yr wythnos diwethaf felly dim ond wyth buwch sydd ar ôl i loio.

Mae teclyn bach newydd o'r enw Moocall wedi cyrraedd (gan ASDA ac ABP i'w dreialu) sy'n gyrru tecst i'm ffôn pan fo buwch yn anesmwytho ac ar fin lloio. Mae'r Moocall yn cael ei osod ar gynffon y fuwch. Hyd yn hyn mae tair buwch wedi lloio efo Moocall ac mae'r teclyn wedi bod yn gywir bob tro! Mae modd eu prynu am gost o £230.

Efo'r lloi wedi cael eu 'dihornio' (heblaw'r lloi Stabilisers sydd heb gyrn – defnyddiwyd y tarw hŷn ar yr heffrod), eu tagio (efo tags BVD eleni

am y tro cyntaf) a'u torri, mae'r rhan fwyaf o'r gwartheg wedi mynd i'r mynydd i'w 'preswylfa haf'. Maent wrth eu boddau yno ac yn chwarae rhan bwysig o gynnal porfa'r mynydd mewn cyflwr delfrydol.

Mae'r teirw i gyd wedi cael eu MOT blynyddol i asesu eu ffrwythlondeb ac maent nawr allan efo'r gwartheg. Mae Iwan Parry o Ddolgellau yn arbenigwr yn y maes yma, ac efo'i frwdfrydedd, mae'n fy annog i ganolbwyntio mwy a mwy ar ffrwythlondeb y fuches. Fy nharged yw ceisio cael cymaint o wartheg â phosib i sefyll i'r tarw yn y tair wythnos gyntaf. Mae'r heffrod pymtheg mis hefyd wedi cael eu hasesu am eu gallu i fagu, ac wedi cael eu syncroneiddio. Mae hyn yn ein galluogi i roi tarw potel (AI) addas iddynt i gyd ar yr un diwrnod (3ydd o Orffennaf). Y gobaith yw cael 60%+ i sefyll ar y diwrnod cyntaf ac yna troi tarw naturiol atynt am fis. O fewn 25 diwrnod fe ddylai tua 85% o'r heffrod fod wedi sefyll i darw. Yn y wlad hon ar gyfartaledd, dim ond 52% o fuchod sy'n sefyll i'r tarw yn y tair wythnos gyntaf drwy ddefnyddio tarw yn unig.

Mae mwyafrif y defaid a'r ŵyn wedi eu gyrru i'r mynydd erbyn hyn a oedd yn ein galluogi i gadw'r caeau silwair. Cafodd y caeau silwair 100kg/acer o 24.4.14+7 sylffwr ac ychydig o slyri. Teimlaf fod mantais mewn cynnwys sylffwr a'i fod yn arwain at gynnydd mewn cnwd. Yn anffodus efo'r tywydd yn oerach na'r arfer roedd y tyfiant yn arafach na'r disgwyl, ac felly roeddem bythefnos yn hwyrach yn cael y silwair i mewn. Mi fydd y caeau yn cael 100kg/acer yn rhagor o wrtaith ynghyd â slyri a thail.

Mae'r diwrnod hiraf wedi bod ac yn anffodus am y chwe mis nesaf mae'r diwrnodau yn byrhau! Fel ffermwyr rydym yn cydweithio efo natur bob diwrnod, ac esiampl dda o hyn yw'r tymor tyfu porfa. Yma yn Llysun, mae chwe wythnos o wahaniaeth mewn tyfiant porfa o'r caeau gwaelod i'r mynydd a hynny o fewn milltir. Mewn noson efo Cymdeithas Tir Glas Bro Ddyfi datgelodd Rhys Williams, Padog Farms, sy'n godro buches fawr yn ardal Pwllheli a Phentrefoelas, ac yn mesur tyfiant porfa yn ddyddiol, fod y ffarm ym Mhwllheli yn tyfu tair gwaith mwy o borfa na'i ffarm ym Mhentrefoelas! Ydy hynny yn golygu bod y tir yn werth tair gwaith mwy?!

Dechreuodd y mis efo cyfarfod bwrdd Hybu Cig Cymru yn Aberystwyth. Rwyf wedi bod ar y bwrdd ers tair blynedd bellach ac rwyf hefyd ar yr Is-bwyllgor Ymchwil a Datblygiad. Diddorol iawn yw cael cyfle i weld a chwestiynu datblygiadau sy'n cael dylanwad mawr ar ein diwydiant. Mae'r her o ddatblygu marchnadoedd newydd a marchnata ein cynnyrch yn un bwysig iawn yn enwedig efo patrymau bwyta pobl yn newid yn barhaol yn ogystal â'r ffyrdd o gyfathrebu efo'n gilydd. Fy mhryder mawr i yw nad ydy pobl ifanc yn bwyta cig oen a'r gofid o fagu cenhedlaeth o bobl sydd erioed wedi blasu cig oen. Un o'r ystadegau diddorol a gawsom oedd mai 7% o ddaliadau Cymru sydd â dros 1,000 o ddefaid, ac mai 3% o ddaliadau Cymru sydd â dros 100 o wartheg magu.

Mae 100 o'r ŵyn cyntaf wedi eu gwerthu ar bwysau boddhaol. Siomedig iawn yw prisiau'r ŵyn a'r gwartheg ar y funud efo'r ŵyn dros £20 yn llai na'r adeg yma'r llynedd. Mae cryfder y bunt yn erbyn yr ewro yn cael dylanwad anferth ar ein prisiau ac mae'r sefyllfa bresennol yn gwneud mewnforio yn ffafriol iawn ac allforio yn anodd iawn. Efo'r holl fewnforio, cymaint o ŵyn blwydd yn y farchnad a gwerthiant cartref yn yr archfarchnadoedd yn isel, nid yw'r sefyllfa am wella dros nos.

Yn ystod yr wythnos ddiwethaf bu criw o gontractwyr archeolegol yma yn gweithio ar geisio ail ffurfio siâp y 'Motte and Bailey' sydd ar y cae

sioe. Mae'r gwaith yn cael ei drefnu trwy Glastir a CADW, ac er ei fod yn lle chwarae poblogaidd i ŵyn bach yn y gwanwyn a phlant noson Sioe Llanfair, pwysig yw ei gynnal i genedlaethau'r dyfodol.

Braf yw croesawu Thomos Goetre 'nôl i Lysun dros wyliau'r haf, ar ôl i'w flwyddyn gyntaf yn Llysfasi ddod i ben. Mae digon i'w wneud yma bob amser!

Mae Eifion Blowty wedi bod yn brysur iawn yn dylunio ac yn adeiladu teclyn defnyddiol dros ben fel rhan o'i gwrs lefel A. Cefais gyfle i weld y 'Ffensiwr Clyfar' yn gweithio ac mae'n rhaid llongyfarch Eifion ar ei waith – teclyn defnyddiol i bawb sy'n ffensio. Mi fydd angen ffatri yn Blowty i gadw i fyny efo'r 'orders'! Pob lwc iddo ac edrychaf ymlaen at adrodd ei ganlyniadau.

Awst a Medi 2015

Gyda ni'r ffermwyr yn hoff iawn o gwyno am y tywydd, mae'n rhaid dweud bod y cyfnod ansefydlog yma wedi cael ei groesawu, efo'r glaw yn rhoi hwb i dyfiant y borfa. Wedi dweud hynny, yr haf yw'r haf a gobeithio y daw'r haul yn ei ôl yn fuan.

Dechreuodd y mis efo'r heffrod yn cael tarw potel, a'r tro yma American Angus o'r enw SAV Brave trwy Genus a ddefnyddiwyd. Fe dreialwyd y tarw ddwy flynedd yn ôl ac wrth i Iwan Parry baratoi'r heffrod i fagu, darganfuwyd bod yr heffrod Angus Americanaidd yn llawer mwy aeddfed â 'pelvic area' mwy na'r heffrod eraill sydd yma o fridiau gwahanol. Efo'r heffrod yn cael y tarw yn 15 mis oed i loio yn ddyflwydd, pwysig iawn yw canolbwyntio ar eneteg sy'n lloio yn hawdd. Mae'r gwartheg Angus yn yr America yn lloio efo ychydig iawn o ymyrraeth ac yn medru byw a pherfformio yn ddiffwdan mewn amgylchedd eithafol, o sychder a gwres yr haf i oerfel y gaeaf.

Mae'r teirw wedi bod yn brysur a gobeithio bod canran dda o'r gwartheg yn gyflo ar ôl y mis cyntaf. Cafodd y gwartheg ifanc sy'n pori ar y mynydd eu dos llyngyr – hawdd iawn yw trin gwartheg efo 'pour-on' sy'n arbed amser a lleihau straen ar y gwartheg.

Erbyn hyn mae'r ŵyn i gyd wedi eu dyfnu, a'r defaid yn cael eu 'gwasgu' ar lai o borfa am gyfnod. Cafodd yr ŵyn i gyd folws 'trace element' efo'r ŵyn mwyaf yn dod i lawr i Lysun i'r caeau adlodd a'r ŵyn lleiaf yn parhau ar y mynydd. Mae'r bolws yn helpu i gywiro diffyg seleniwm, copr, ïodin a'r pwysicaf, cobalt, sy'n angenrheidiol i'r ŵyn dyfu a phesgi i'w potensial. Fe ddylai oen sy'n perfformio i'w orau roi traean kilo y dydd ymlaen, ond i sicrhau hyn mae'n rhaid bod y borfa yn dda, dim llyngyr na chloffni, a dim diffyg 'trace element'. Anaml iawn mae oen yn medru cyflawni hyn ond mae'n rhaid ymdrechu tuag ato.

Rydym wedi bod yn gwerthu hen ddefaid yn y Trallwng ac roedd y prisiau yn foddhaol. Ffodus iawn ydym fod poblogaeth ethnig yn bwyta cymaint o'r cig yma. Mae llwyth o ŵyn wedi cael eu gwerthu dros y mis diwethaf ac mae'r prisiau'n dal i fod yn siomedig iawn, a does fawr o obaith o welliant eleni. Yn anffodus pan mae'r ŵyn yn barod i'w marchnata mae'n rhaid iddynt gael eu gwerthu gan fod ŵyn dros bwysau a gordew yn derbyn cosb ariannol. Mae mwyafrif yr ŵyn yn cael eu gwerthu i Waitrose,

ac yn cael eu lladd yn lleol yn Randall Parker Foods yn Llanidloes. Rydym wedi bod yn rhan o'r cynllun efo Waitrose ers 1993 ac mae'r bartneriaeth yn gweithio'n dda efo adborth a chyfathrebu cryf ar werthiant cig oen o Gymru.

Mae Waitrose yn awyddus iawn i annog ymarfer da ac i wella effeithiolrwydd cynhyrchu yn enwedig oddi ar borfa. Dyma oedd y pwnc a fu o dan drafodaeth pan gawsom fel grŵp y cyfle i gyfarfod â Prince Charles ar ffarm Maesllwyni ym Mhenegoes ddechrau'r mis. Rhaid llongyfarch Dafydd a'i deulu ar eu gallu i ffermio i safon mor uchel. 'Multi species leys' yw'r thema ffasiynol ar y funud ac roedd y Tywysog yn awyddus i ychwanegu ei sylwadau a gwrando ar y grŵp.

Mae dyfodol y Taliad Sengl wedi cael ei gyhoeddi ac mi fydd yn golygu gostyngiad sylweddol i ganran uchel o ffermydd yr ardal a ffermydd Sir Drefaldwyn yn enwedig. Erbyn 2019, amcangyfrifir y bydd y 54ha cyntaf yn derbyn Eu243/ha a'r gweddill yn derbyn Eu124/ha. Fel y dywedir... "We live in interesting times"!

Fe fues i ar banel yn cyfweld ar gyfer Ysgoloriaeth Hybu Cig Cymru a braf oedd gweld safon uchel o ymgeiswyr a brwdfrydedd am ehangu gorwelion a dysgu. Mae'r ddau a fu'n llwyddiannus am dreulio mis yn Seland Newydd yn astudio dulliau i wella geneteg a recordio perfformiad.

Cawsom ddau ddiwrnod prysur yn y Sioe Fawr a llongyfarchiadau i bawb lleol a fu'n cystadlu yno dros y pedwar diwrnod. Llongyfarchiadau arbennig i Guto Lewis am ennill Gwobr Goffa Brynle Williams. Mae'r wobr yn cael ei rhoi i ffarmwr ifanc sydd wedi manteisio trwy Gynllun Cymorth i Newydd-Ddyfodiad (YESS) ac wedi dangos i'r beirniaid ei allu, ei ddealltwriaeth a'i frwdfrydedd o fewn ei system ffermio. Teilwng iawn a da iawn ti.

Mae'r gwyliau haf wedi cyrraedd ac felly helpar awyddus iawn yn Morgan. Efo'r ddau ohonom yn gwisgo welis yr un maint, mae'n ras i'r drws bob bore i gael y pâr gorau!

Pob lwc i'r Eisteddfod a mwynhewch yr ŵyl.

Hydref 2015

Mae'r hydref wedi cyrraedd, y diwrnodau'n byrhau, a'r tymheredd yn disgyn sy'n golygu un peth – amser rhoi'r siorts i gadw am flwyddyn arall! Erbyn hyn mae dau wyneb newydd yn Llysun sef Siôn Lewis, Rhoslas, sydd efo ni ar ddydd Mawrth a Mercher ac yn y Coleg yn y Drenewydd y tri diwrnod arall. Nansi ydy'r ail, sef ci bach 'Kelpie' a gyrhaeddodd yma wythnos yr Eisteddfod (felly'r enw!) Mae'r ddau yn frwdfrydig iawn, ond mae'n rhaid cyfaddef ei bod hi'n haws cadw trefn ar Siôn! Mae Thomos Goetre wedi dychwelyd i Lysfasi ar ôl tri mis – mae'r amser wedi hedfan ac rydym yn gweld ei golli yn barod.

Nansi – y ci newydd

Cafodd yr 'ail' doriad ei gynaeafu wythnos yr Eisteddfod a chae o 'haylage' i'r defaid ei wneud ganol mis Awst. Roedd y cnwd yn dda ac felly mae digon o fwyd i'r gaeaf. Diddorol oedd darllen yn y *Farmers Weekly* bod ffermwyr Denmarc ar gyfartaledd yn cymryd chwe crop o silwair ac felly'n naturiol mae o ansawdd uchel iawn.

Mae'r adlodd wedi tyfu'n dda ar ôl cael pum tunnell y cyfer o dail – diolch i Glyn Penparc – a 50kg/acer o wrtaith efo sylffwr. Mae hyn wedi galluogi i'r ŵyn i gyd ddod i lawr o'r mynydd ac i besgi, ac er bod y prisiau yn parhau i fod yn siomedig mae nifer yr ŵyn sydd wedi'u gwerthu yn uwch na'r arfer efo 80% wedi mynd.

Rydym yn cadw tua 200 o ŵyn benyw Texel croes i fagu – y rheol yw bod yn rhaid iddynt fod yn efaill o ddafad Miwl. Rydym hefyd yn prynu ŵyn benyw Miwls Cymreig, o'r sêl yn Llanelwedd gan amlaf gan ein bod yn ffafrio defaid Cymreig Llanymddyfri a'r Brecon Cheviot. Mae'r ŵyn benyw wedi cael eu cneifio, eu tagio'n ddwbl a'u brechu rhag tocsoplasmosis ac 'enzootic abortion'. Mae'r defaid wedi cael eu tocio, eu dipio, eu drenshio rhag ffliwc, eu bolysio efo cobalt a seleniwm, ac felly'n barod am yr hyrddod – mae eu blwyddyn magu yn dechrau unwaith eto.

Ar ddechrau mis Awst daeth y gwartheg ifanc/pori lawr o'r mynydd i bori'r adlodd, ac i dderbyn eu hail ddos o Dectomax 'pour-on' i ladd ac atal llyngyr. Rydym yn 'strip grasio'r' gwartheg ac yn symud y ffens drydanol bob bore, sy'n cynnig porfa lân a ffres bob diwrnod.

Erbyn canol mis Awst rydym yn cynnig blawd/dwysfwyd i'r gwartheg ifanc gan fod ansawdd y borfa yn dechrau dirywio a phwysig yw cynnal tyfiant y gwartheg. Mae ffermwyr yn Iwerddon yn anelu i wartheg pori fagu 200kg o bwysau oddi ar y borfa, ac yn mynnu na fydd cynnydd ym mhwysau'r gwartheg ym mis Medi a Hydref heb flawda ym mis Awst, oherwydd bod y cwymp yn ansawdd y borfa ar ddiwrnodau byr yn golygu llai o oriau pori.

Rydym wedi sganio'r 28 o heffrod blwydd ar ôl iddynt gael AI a threulio amser efo'r tarw, a siomedig oedd y canlyniadau efo pump yn wag, sy'n llawer mwy na'r arfer ac yn llawer mwy na'r disgwyl. Roedd 55% wedi cyfloi i'r AI a 75% ar ôl dau gylch. Bu'r heffrod efo'r tarw am ddeufis, felly cafodd pawb gyfle!

'Nôl yn 1996-97 cefais y cyfle i weithio ar Mount Linton Station yn ne Seland Newydd a oedd yn brofiad bythgofiadwy efo 55,000 o ddefaid a 2000 o wartheg Angus. Erbyn hyn mae Cymro o'r enw Ceri Lewis yn gyfrifol am redeg y ffarm, ac mae fideo diddorol i'w weld ar YouTube gan

Mount Linton Genetics sy'n esbonio'r broses o fridio'r defaid a'r gwartheg. Mae yno 2,500 o wartheg erbyn hyn a 42 diwrnod yn unig yw'r tymor tarw!

Mae'r cae-tu-ôl-tŷ wedi cael ei ailhadu, ond yn anffodus mae wedi bod yn araf iawn yn sefydlu. Ar ôl llawer o grafu pen mae'n debyg mai methiant i rowlio'r llechwedd yn ddigonol yw'r prif reswm. Wrth ymholi ynglŷn â'r sefyllfa cefais gyngor i beidio â rhoi calch a ffosffad (phosphate) i lawr ar yr un adeg gan fod y ddau yn cydymffurfio i gloi ei gilydd. Calch a ddylai gael blaenoriaeth.

Braf oedd cael cynnal Sioe Llanfair unwaith eto, ac efo tîm diwyd pwyllgor y sioe a'r tywydd ffafriol, roedd hi'n bleser croesawu'r sioe yma.

Mae Alun Pryce wrthi yn codi paneli solar yma ar y funud wrth i ni geisio manteisio ar y taliadau cyn iddynt ddiflannu ddiwedd y flwyddyn. Ara' deg y buom yma yn cofleidio taliadau'r egni adnewyddol sydd wedi bod yn gyfle gwych i lawer o ffermydd fanteisio ar arian y tu allan i amaethyddiaeth.

Ddiwedd y mis mae dyddiad cau Cynllun Grant Cynnyrch Cynaliadwy neu'r Sustainable Production Grant. Mae'r cynllun yn cynnig cefnogaeth o 40% a'r cyfle i ffermwyr fuddsoddi mewn gwelliannau ar eu ffermydd, o fewn rhestr o themâu priodol, sef:

- Iechyd a gofal anifeiliaid a phlanhigion e.e. technoleg EID, cloriannau pwyso, 'crush'
- Storio cnydau e.e. biniau dal blawd, pit silwair
- Adeiladau a systemau trin anifeiliaid e.e. storfeydd slyri/tail, system trin defaid/ gwartheg
- Rheoli pridd a chnydau e.e. dyfeisiau GPS, peiriannau adnewyddu tir pori
- Cynhyrchu ynni adnewyddadwy i ddefnydd y ffarm e.e. solar, gwynt, biomas

Dyma'r cyfle cyntaf i geisio am y cynllun a bydd cyfleoedd pellach yn y flwyddyn newydd.

Os oes rhywun yn gwybod am glip YouTube neu wefan ddiddorol cofiwch gysylltu â mi a byddaf yn eu rhannu bob mis. Fel rhagflas, gwyliwch a mwynhewch glipiau East Dublin Dairy ar YouTube sef 'CY Harvesting, Chopping Hay' a 'CY Harvesting, Chopping Silage'. Fideo difyr arall yw 'Almarai Al Badiah farm in Saudi Arabia'.

Ffotograffiaeth

Braf oedd derbyn y llun yma o ddwy ferch ifanc a fu'n dangos eu defaid yn Sioe Llanelwedd ym mis Gorffennaf. Mae Fflur ac Adleis yn amlwg yn gyfforddus ac yn llwyddiannus iawn yn trin a thrafod y defaid arbennig yma.

Hwyl am y tro!

Tachwedd 2015

Am fis Hydref bendigedig! Mae'r tywydd braf wedi sicrhau diweddglo cymharol hamddenol i'r tymor efo'r gwartheg a'r defaid yn fodlon iawn eu byd, a'r cefndir o borfa las a dail y coed yn creu'r olygfa berffaith. Ond, mae'r awr yn newid a'r diwrnodau yn byrhau yn dynodi bod tymor newydd ar ddechrau.

Cychwynnodd y mis efo cnwd gwlân eleni yn cael ei gludo i'r Bwrdd Gwlân yn y Drenewydd, lle mae'n cael ei bwyso ac yna ei raddio i wahanol safonau. Er nad yw'r system bob amser yn berffaith, ffodus iawn yr ydym o gael y Bwrdd Marchnata Gwlân i fedru trin a gwerthu'r holl wahanol ddosbarthiadau o wlân ar ein rhan.

Ar yr 2il o Hydref cawsom brawf TB ar y fuches gyfan, a hynny er i mi bledio am estyniad o bythefnos i gyd-fynd â'r gwartheg yn dod i lawr o'r mynydd am y gaeaf, ond felly y mae. Yn ffodus roedd popeth yn glir ac felly rhyddid i werthu am flwyddyn arall, ac efo'r tywydd ffafriol cafodd y gwartheg ddychwelyd i'w hoff le – i ben y mynydd.

Wrth i'r gwartheg fynd drwy'r crush roedd cyfle i roi dos o Fasinex i bopeth, i ladd ac atal ffliwc yr iau. Mae math gwahanol o ffliwc yn dechrau amlygu sef 'rumen/stomach fluke' sydd ddim yn cael ei ladd gan foddion cyffredin. Y symptomau yw gweld gwartheg yn colli pwysau ac yn sgwrio, er eu bod wedi cael dos confensiynol i atal ffliwc. Fel yr arfer, ymholwch y milfeddyg am fwy o fanylion.

Mae'r hyrddod allan efo'r defaid ac i weld yn brysur, amser a ddengys, ac felly bydd cylch tymor y defaid yn dechrau unwaith eto.

Mae patrwm wedi dechrau datblygu yma ym mis Hydref bob blwyddyn sef fy arferiad o ddiflannu am bythefnos! Trwy fy nghydweithrediad efo ASDA ac ABP cefais fy ngwahodd ar drip Soil Masters i America. Pwrpas y trip oedd canolbwyntio ar iechyd y pridd a dysgu mwy am yr ymarferion gorau i sicrhau ffrwythlondeb tymor hir ein priddoedd. Roedd grŵp o ugain i gyd, efo tua deuddeg yn ffermwyr tir âr, a oedd yn rhan o grŵp BASE (Biodiversity, Agriculture, Soil and Environment) sy'n ffermio trwy ddull 'zero-till' – sef defnyddio 'direct drills' a thyfu 'cover crops' dros y gaeaf i wella ansawdd a ffrwythlondeb y ddaear yn hytrach nag aredig y tir. Diddorol iawn oedd cael y cyfle i drafod a dysgu oddi wrthynt. Braf oedd clywed am bwysigrwydd defaid a gwartheg o fewn eu systemau cylchdro a'u bod yn awyddus iawn i gydweithio efo ffermwyr da byw.

Dechreuodd y trip yn Bismarck, Gogledd Dakota, yn ymweld â ffermwyr a chanolfannau ymchwil. Yr uchafbwynt oedd ymweld â Gabe

Brown sydd wedi arbenigo yn y dull yma o ffermio ers rhai blynyddoedd. Hefyd yng Ngogledd Dakota bu ymweliad â buches Schaff Angus Valley sef un o'r bridwyr mwyaf adnabyddus yn America, ac anrhydedd oedd gweld y fath safon o wartheg. Mae sêl flynyddol ar y ffarm ac eleni fe werthwyd 500 o deirw ar gyfartaledd o £12,000!

Joel Salatin a'i Polyface Farms yn Virginia oedd ymweliad nesaf y grŵp. Cafodd Joel ei ddisgrifio gan gylchgrawn *Time* fel "the world's best and most innovative farmer". Cymeriad diddorol ac ecsentrig iawn!

Ar ôl ymadael â'r grŵp es i ymweld â hen ffrindiau yn Oregon am ychydig ddyddiau. Hedfan i Portland ac yna gyrru awr i'r de i ardal Corvallis yn Nyffryn Willamette. Mae ugain mlynedd wedi mynd heibio ers i mi dreulio blwyddyn yno yn gweithio ar ffarm ddefaid, a braf oedd cwrdd â phawb i hel straeon a hiraethu. Mae'r ardal yn un ffrwythlon dros ben efo pob math o gnydau yn cael eu tyfu, o lysiau i 'blueberries' i rawnwin (ar gyfer gwin) i ŷd a hadau glaswellt. Mae 80% o hadau glaswellt y byd yn cael eu tyfu yn Oregon. Wrth gwrs efo noson calan gaeaf yn agos roedd pwmpenni ym mhobman! 'Hazelnuts' ydy'r ffasiwn ar y funud efo llawer o'r caeau gorau yn cael eu plannu efo'r coed.

Roedd prisiau'r ŵyn yn uchel iawn efo ŵyn stôr 40kg yn gwerthu am £100. Mae gofynion eu marchnad ŵyn yn wahanol iawn i yma efo'r rhan fwyaf o'r ŵyn yn cael eu pesgi i bwysau o 65-70kg ac felly efo pris lladd o £2/kg mae prisiau da i'w cael. Efo dim gorfodaeth i dagio, dim rheol chwe diwrnod, dim archwiliadau (dim erthyglau i'r *Plu*!) a digon o dir gwastad wedi ei ailhadu (i gynhyrchu hadau glaswellt) i'w gael am 20c y pen yr wythnos, fe adewais yn crafu pen ac yn ystyried y sefyllfa!

Er diddordeb, ar YouTube fis yma rwyf wedi dewis y clipiau hyn:

- 'Schaff Angus Valley Net Worth' – y fuches Aberdeen Angus yng Ngogledd Dakota
- 'Polyface Farms (USA today)' – Joel Salatin yn esbonio'i feddylfryd

Hwyl a mwynhewch!

Rhagfyr 2015

Am newid. Ar ôl torri record am ddiwrnod poethaf fis Tachwedd ar y 1af o Dachwedd yn Nhrawsgoed, Aberystwyth, mae'r hin wedi trawsnewid yn llwyr efo'r tywydd garw yn ddi-baid. Rwy'n ysgrifennu'r erthygl hon ym maes awyr Knock yng ngorllewin Iwerddon wrth aros i hedfan i Lerpwl, ac efo'r gwynt cryf a'r glaw trwm gobeithiaf fod y byd o du uchaf y cymylau yn dawelach a mwy heddychlon – o na fyddai'n haf o hyd! Fy musnes yn yr Iwerddon? Edrych ar wartheg, wrth gwrs!

Mae'r mis wedi bod yn un prysur iawn gan ddechrau gyda chynhadledd cynhyrchwyr Waitrose yn Telford. Yma cawsom glywed am eu busnes bwyd ac ystadegau am sut mae gofynion y cwsmer yn newid. Roedd tri phrif batrwm clir:

- Y twf mawr mewn siopa ar-lein a chael eich bwydydd wedi eu cludo at y drws
- Y galwad a gofyn am fwyd cyfleus a hawdd i'w baratoi – ar gyfartaledd mae'r cwsmer yn siopa am fwyd dair gwaith yr wythnos
- Heddiw mae 30% o'r arian sy'n cael ei wario ar fwyd yn cael ei wario ar fwyta y tu allan i'r cartref. Mae'r ffigwr yma yn 50% yn America ac o hwnnw mae 80% yn cael ei fwyta yn y car!

Bu cyfarfod bwrdd Hybu Cig Cymru lle bu Christianne Glossop, Prif Swyddog Milfeddygaeth Cymru, yn esbonio eu polisïau iechyd anifeiliaid ac yn bennaf TB. Efo blaenoriaethu TB yn hawlio canran uchel iawn o gyllid iechyd anifeiliaid, yn anffodus nid yw llawer o heintiau ac afiechydon pwysig eraill yn cael sylw nac adnoddau haeddiannol e.e. BVD a sgab.

Cawsom hefyd Gynhadledd Flynyddol Hybu Cig Cymru yn Llandrindod ar ddechrau'r mis a braf oedd gweld cynulleidfa gryf ac ifanc yno. Diddorol iawn oedd clywed asiant HCC yn yr Almaen yn esbonio safiad Cig Oen Cymru o fewn y farchnad yno – mae'r cig yn cael ei adnabod fel cig o safon uchel iawn sy'n gwneud ei werthu ychydig yn haws. Efo prisiau ein cynnyrch yn isel mae HCC wedi gorfod sicrhau eu bod yn gwneud popeth o fewn eu gallu i hybu a chefnogi'r diwydiant. Un peth sy'n sicr yw bod cwestiynu gwaith ac ymdrechion HCC bob amser yn bositif ac yn adeiladol, ac yn sicrhau bod pawb yn gwneud eu gorau glas fel nad oes dim yn cael ei gymryd yn ganiataol. Wedi dweud hynny, y prif reswm am y prisiau isel eleni yw cryfder y bunt yn erbyn yr ewro. Mae'r diwydiant wedi datblygu llawer dros y blynyddoedd diwethaf wrth i garcas yr oen gael ei dorri i wahanol ddarnau – coesau, ysgwyddau, gwddf, 'loin', 'chops' a.y.b, tra bod popeth sydd ddim ei angen gan yr archfarchnadoedd yn cael ei allforio – mae'r farchnad dros y dŵr felly yn bwysig iawn i holl ffermwyr Cymru.

Aeth Dad a finnau i sêl gwartheg Saler yn Castle Douglas, sy'n ganolfan o fath i'r brîd yn y wlad. Roedd y ffarmwr yn ymddeol ac yn gwerthu ei fuches a oedd yn adnabyddus am ei safon. Trist oedd gweld oes o waith yn cael ei werthu oherwydd diffyg dilyniant.

Mae Cymdeithas Tir Glas Bro Ddyfi yn cwrdd yn y Llew Coch yn Dinas unwaith y mis, ac Alyn Edwards, Glanaber, yw'r cadeirydd am eleni. Ym mhob cyfarfod mae gŵr/gwraig (g)wadd yn dod i siarad, a'r mis yma bu Gareth Jones, rheolwr Ffarm y Rhug – Rhug Estate, Corwen, yn esbonio'r busnes. Mae ganddynt ffarm, siop gwerthu cynnyrch/bwydydd a bwyty ar ymyl yr A5, ac maent hefyd yn allforio cig oen, cig eidion a chig byffalo, coeliwch fyth, i dai bwyta ar draws y byd. Noson ddiddorol iawn.

Mae disgyblion Blwyddyn 10 (14-15 oed) Ysgol Uwchradd Caereinion wedi bod yn dod yma i Lysun ers rhai blynyddoedd fel rhan o'u cwrs amaeth TGAU. (Mr) Gareth Griffiths o Garno yw eu hathro ac mae'n rhaid canmol ei frwdfrydedd sy'n cael ei adlewyrchu yn y plant. Dewis ŵyn i farchnata oedd pwrpas yr ymweliad, a'r plant yn cael cyfle i asesu braster a siâp yr ŵyn gan ddewis y rhai oedd yn barod i'r farchnad. Ar ôl dewis eu hoen 'delfrydol' fe wnaethon ni dagio'r ŵyn, nodi eu rhif, eu pwyso ac yna eu gyrru i ladd-dy Randall Parker yn Llanidloes. Bydd y plant yn cael eu canlyniadau yn ôl ar-lein o fewn yr wythnos ac yna yn cael cymharu a dadansoddi. Difyr iawn yw'r prynhawn bob amser a braf oedd gweld ychydig o wynebau cyfarwydd – Hywel Blowty, Fflur Abernodwydd, Megan Jones a Jack Pentre, Llanfair. Yn anffodus dim ond ugain o ŵyn oedd ar ôl ac felly nid oedd llawer o ddewis.

Erbyn hyn mae'r gwartheg i gyd o dan do ac wedi setlo i rwtîn y gaeaf. Mae'r lloi i gyd wedi cael 'short back and sides' – shafio eu cefnau i leihau perygl o niwmonia gan eu bod yn chwysu i mewn yn y siediau. Cawsant frechiad arall o Covexin 8 i atal afiechydon clostridiol fel 'black leg'. Bob diwrnod mae'r lloi yn derbyn tua 1.5kg o ddwysfwyd/blawd ac i weld yn cryfhau a thyfu. Dadansoddwyd ansawdd y silwair gan y Gymdeithas Tir Glas (Huw Talwrn fu wrthi eleni yn cymryd samplau silwair) ac mae'r canlyniadau yn foddhaol iawn efo lefel yr egni yn dda. Mae'r silwair yn cael ei asesu am egni, protein, siwgr, 'digestibility' a pH. Pan fydd y silwair ar ei orau, yna bydd y gwartheg a'r defaid yn bwyta mwy a hefyd bydd llai o wastraff. Efo'r anifeiliaid yn byw ar silwair am chwe mis, pwysig iawn yw sicrhau maeth a blas.

Fe fu Glyn Penparc yma yn ffensio'r coed (lle bu'r coed!) yn barod i'r ardal gael ei hailblannu efo coed caled ar gyfer cynllun amgylcheddol Glastir. Mae'r cynllun wedi rhoi cymorth i allu plannu gwrychoedd ac ailadeiladu waliau cerrig ar y mynydd. Bu Myrddin, Rhydarwydd, a'i gyfeillion, wrthi'n brysur yn ailgodi a chynnal llawer o waliau cerrig ar y mynydd adeg yr hydref. Mae'n grefft bwysig iawn sydd angen amser, amynedd a chôt law go dda!

I gloi, mae ci hela ifanc wedi cyrraedd – Solomon, sydd, fel arfer yn hapus a llawen ei fyd efo dim yn ei boeni!

Ar eich cyfer chi mis yma ar YouTube:

- 'The mule thinks he's a guard dog', 'Sheep station NZ', a chlipiau o Seland Newydd ar ei orau gan Dylan Winter
- 'Automated Robotic Lamb' gan Scott Automation sy'n dangos technoleg prosesu ŵyn

Fel erthygl olaf y flwyddyn hoffwn ddiolch am gefnogaeth darllenwyr y *Plu*, ac i bawb adref – teulu a staff – am eu cefnogaeth barhaol. Nadolig Llawen a Blwyddyn Newydd Dda.

Plu'r Gweunydd

Dyddiaduron 2016

Ionawr 2016

Mae'r goeden Nadolig wedi hen sychu a hynny'n arwydd bod dathliadau'r ŵyl wedi dod i ben a blwyddyn newydd ar ddechrau. Yn ôl y sôn mae wyth miliwn o goed Nadolig (rhai go iawn) yn cael eu gwerthu ym Mhrydain bob Nadolig, a deg miliwn o dwrcis yn cael eu bwyta er mai biff oedd y dewis yma ym Mrynllys eleni. Mae mis Rhagfyr yn un o fisoedd tawelaf y flwyddyn ar y ffarm, ac oherwydd y tywydd gwlyb, anodd iawn yw gwneud unrhyw waith ar y tir. O ran ni amaethwyr y dyddiad mwyaf arwyddocaol yn y mis yw'r 21ain o Ragfyr, diwrnod byrraf y flwyddyn, gan fod y diwrnodau wedyn yn dechrau ymestyn. Mae'r hinsawdd yn newid oherwydd y gaeafau mwyn a gwlyb, a'r tywydd yn llawer mwy eithafol, efo'r llifogydd yma a hefyd yn Paraguay, Uruguay ac ar draws Gogledd America yn ddiweddar. Ond ai 'global warming' neu 'climate change' sydd ar fai? Mae llawer o elfennau cymhleth yn cyd-chwarae ac mae'n sicr ein bod ni fel pobl yn dylanwadu'n gryf ar ddigwyddiadau a phatrymau hinsawdd y byd. Gobeithio bod ychydig o synnwyr cyffredin wedi'i gael yn nhrafodaethau'r World Climate Summit ym Mharis ar ddechrau mis Rhagfyr. Mae'r ffilm tair munud yma gan NASA yn dangos yr effaith ar ein byd drwy gydol y flwyddyn:

- YouTube: 'A year in the life of Earth's CO2'

Dechreuodd y mis efo'r gwartheg yn cael eu sganio gan David Evans, Ystrad, i gadarnhau eu bod yn gyfeb neu 'in-calf'. Mae llawer o fanteision i sganio e.e. darganfod efeilliaid (pedair set eleni), darganfod y rhai gwag ac er mwyn cael amcan o'r dyddiadau geni, yn enwedig y rhai fydd yn lloio yn hwyr. Mae'n galluogi bwydo yn ôl yr angen, gan roi blaenoriaeth i'r efeilliaid. Fel yr wyf wedi trafod o'r blaen, fy mwriad, a'r sefyllfa ddelfrydol fyddai cael y gwartheg i gyd i loio o fewn chwe wythnos, sydd ychydig yn uchelgeisiol! Yn ôl y canlyniadau roedd wyth buwch yn wag a 90% o'r fuches yn lloio o fewn y chwe wythnos gyntaf – felly mae Ebrill a Mai prysur o'n blaenau.

Mae'r hyrddod wedi cwblhau eu gwaith am flwyddyn arall ac wedi dychwelyd i lawr adref i Lysun. Wrth dynnu'r hyrddod allan cafodd y defaid i gyd ddos o Supaverm i atal ffliwc ac fe wnaethon ni ailosod tagiau yng nghlustiau'r defaid a oedd wedi colli tag. Mae gan bob dafad ddau dag i fod – un ohonynt yn electronig. O'r 1af o Ionawr eleni mae'n gyfraith i bob dafad ac oen gael tag electronig yn eu clust. Rwy'n gobeithio y bydd modd darganfod ffyrdd o ddefnyddio'r dechnoleg er mantais y busnes yn y dyfodol, ond ar y funud cost ychwanegol yw'r canllawiau newydd hyn gan fod tag electronig i oen yn costio 60c o'i gymharu ag 8c am dag cyffredinol.

Cafodd 350 o'r hen ddefaid sy'n wyna yn gyntaf eu sganio nos Galan ac fe gawsom ganlyniadau da o 209% (sef cyfartaledd o 2.09 oen i bob dafad). Fel y gwyddoch chi amaethwyr, mae hyn yn golygu gormod o driplets sy'n ychydig o boen pen! Yr ydym fel arfer yn sganio tua 200% ar y defaid cynnar ond eleni, sy'n cyd-fynd â chanlyniadau ffermwyr eraill, mae'r ganran wedi cynyddu. Pam? Y tywydd ffafriol? Y bolysau cobalt? Pwy a ŵyr gan fod cymaint o ffactorau yn cael effaith.

Fe fu Alyn Glanaber, Rhidian Glyn a finnau yn beirniadu cystadleuaeth byrnau mawr (big bales) a silwair pit Cymdeithas Tir Glas Bro Ddyfi yn ddiweddar. Hywel Roberts, Maesdyfnant wnaeth ennill cystadleuaeth y byrnau mawr a Dafydd Jones Maesllwyni, Penegoes wnaeth ennill y pit o drwch blewyn efo Richard, John a Dafydd Maesllymystyn yn agos i'r brig. Braf yw cael cyfle i gymharu a gweld gwahanol systemau, a da oedd gweld safon uchel iawn ymhlith y cystadleuwyr.

Mae'r treial efo'r platiau trwyn Quiet Wean wedi dechrau. Bydd tua 60 o'r lloi yn cael eu pwyso ac yna byddwn yn gosod y platiau yn eu trwynau. Ni fydd y 60 llo arall yn cael ymyrraeth. Bydd y lloi i gyd yn cael eu dyfnu wythnos gyntaf y mis ac yna eu pwyso'n wythnosol er mwyn cymharu effaith y dull newydd o ddyfnu. Byddaf yn rhannu'r canlyniadau efo chi!

Mae'r Taliad Sengl wedi dechrau cael ei ddosbarthu, ond mae llawer yn dal i fod yn disgwyl amdano. Mae'r taliad wedi gostwng yn sylweddol ac mae rhagolygon 2019 yn creu gofid i'r holl ddiwydiant. Cofiwch lenwi eich ffurflen gyfrifiad (sy'n orfodol!).

Ar eich cyfer y mis yma ar YouTube, chwiliwch am:

- 'How Brazilians train horses to step in the truck'
- 'Milking 1800 goats'

Mwynhewch a hwyl am y tro!

Chwefror 2016

Mae mis Ionawr yn prysur ddiflannu a 2016 mewn 'full swing' yn barod. Cydymdeimlaf efo rhai sy'n cyfrannu erthyglau'n wythnosol i wahanol bapurau gan fod mis y *Plu* yn teimlo fel wythnos ynddi ei hun!

Y defaid sydd wedi bod yn cael y prif sylw dros y mis diwethaf wrth i ni eu sganio. Mae'r canlyniadau yn dda iawn efo 10% mwy o ŵyn na'r arfer, sy'n debyg iawn i ganlyniadau pawb arall. Wrth gwrs, rhagolwg yw'r ffigyrau sganio a gall lawer o elfennau a ffactorau olygu bod nifer yr ŵyn sy'n cael eu magu a'u gwerthu yn ffigwr gwahanol iawn. Os collwch 10% yn unig o'r sganio i'r gwerthu, rydych yn gwneud yn dda iawn. Gobeithiwn am dywydd ffafriol sy'n un o'r prif elfennau adeg yr wyna.

Mae un pit/sied silwair wedi dod i ben sy'n golygu bod lle i ddod ag ychydig o ddefaid i mewn. Ar ôl rhoi'r tanciau dŵr a'r gatiau yn eu lle mae'r sied wedi ei thrawsnewid yn sied ddefaid am ychydig fisoedd. Mae tua 200 o'r defaid cynnar wedi ymgartrefu o dan do ac yn fodlon iawn eu byd efo digon o silwair o'u blaen a gwely sych.

Cafodd y lloi i gyd eu dyfnu ar y 4ydd a'u pwyso. Roedd y lloi gwryw yn pwyso 390kg ar gyfartaledd a'r heffrod yn pwyso 368kg. Mae'r treial dyfnu yn parhau efo'r lloi wedi eu pwyso eto ers hynny. Fel arfer, mae'r lloi sy'n cael eu geni yn hwyr yn hirach yn magu pwysau, sy'n tanlinellu'r pwysigrwydd o gael popeth i loio o fewn deufis yn unig.

Dros y mis diwethaf, rydym wedi gwerthu ychydig o wartheg 'tew' ac ychydig o wartheg gwag i ladd-dy ABP yn yr Amwythig. Nid yw'r prisiau yn gyffrous iawn a gan fod y cwmni yn newid i system graddio electronig mae llawer o ffermwyr yn amheus iawn efo'r sefyllfa. Mae carcas pob anifail yn cael ei sganio ac yna ei raddio yn ôl y canlyniad gan gyfrifiadur, sy'n golygu am y tro cyntaf yn y diwydiant nad oes angen person i arfarnu a chategoreiddio'r anifail. Y dull yma sy'n cael ei ddefnyddio i raddio gwartheg yn yr Iwerddon ers amser a'r ŵyn yn Seland Newydd hefyd. Mae hi'n sicr bod angen cyfnod o addasu i'r newidiadau a gobeithio y bydd dealltwriaeth a chydweithrediad rhwng y lladd-dai a'r ffermwyr.

Bu cyfarfod Bwrdd Hybu Cig Cymru ar y 15fed ac roedd llawer i'w drafod. Y newyddion da oedd er bod gwerthiant cig oen wedi disgyn yn 2015, roedd gwerthiant cig oen o Gymru wedi cynyddu, sy'n arwydd bod y gwaith marchnata a chodi ymwybyddiaeth yn gweithio. Rhaid cofio bod canran uchel iawn o'r cig oen sy'n cael ei gynhyrchu yng Nghymru yn cael ei fwyta dros Glawdd Offa a thramor. Newid mawr arall sydd wedi digwydd yw'r galw o dramor am rannau o'r oen; coesau, '*loins*' neu ysgwyddau, yn hytrach na'r oen cyfan. Cofiwch ofyn am gig oen er mwyn sicrhau ei fod ar y fwydlen bob amser!

Yn dilyn y cyfarfod cawsom olwg ar EIDCymru, sef y ganolfan ar gyfer cofnodi holl symudiadau defaid ac ŵyn Cymru ers y 18fed o'r mis. Roeddwn yn disgwyl gweld llawer mwy o staff ac adnoddau ond syml iawn oedd popeth. Roedd y system i'w weld yn effeithiol iawn a phawb yn gyfeillgar ac yn barod iawn i ateb cwestiynau. Mae'n siŵr y bydd cyfnod o ansicrwydd am gyfnod ond rwyf yn hyderus iawn y bydd EIDCymru yn wasanaeth a fydd o fantais fawr i'r diwydiant yn y dyfodol.

Ar ôl cyfnod o ansicrwydd rwyf yn falch o weld Cyswllt Ffermio yn parhau i fodoli, er bod angen i bawb ail-gofrestru. Mae'r gyfundrefn yn debyg iawn i'r gorffennol efo cymorth o 80% i'w gael ar gyrsiau hyfforddiant a datblygu sgiliau. Mae'r cyrsiau yn amrywio yn eang o gneifio, defnyddio llif gadwyn, i ddefnyddio plaladdwyr. Mae rhestr o'r holl gyrsiau ar wefan Cyswllt Ffermio/ Menter a Busnes.

Mae Super Bowl 50 ar y 7fed o Chwefror yn California, sydd o ddiddordeb mawr i Americanwyr ond dim cymaint i ni! Ta waeth, un o'r pethau diddorol yw'r holl hysbysebion sy'n ymddangos ar y teledu yn ystod y gêm. Mae cost hysbyseb 30 eiliad yn $5 miliwn a does dim prinder ohonynt!

Ar eich cyfer ar YouTube fis yma mae hysbyseb o Super Bowl 2013:

- 'So God made a farmer'

Mwynhewch a hwyl am y tro!

Mawrth 2016

Rydym wedi ffarwelio â'r mis bach ac mae'r holl drafod 'mewn neu allan' wedi dechrau o ddifri yn barod. Rwy'n siŵr y bydd pob dadl wedi cael gwrandawiad teg erbyn y 23ain o Fehefin. Braf yw gweld y diwrnodau yn ymestyn a'r 'cynffonnau ŵyn bach' yn blaguro yn y gwrychoedd sy'n arwydd cadarn fod tymor yr wyna ar fin dechrau.

Rydym yn disgwyl yr ŵyn cyntaf ar y 5ed o Fawrth sy'n golygu bod angen siapio i gael yr holl gorlannau bach a phopeth arall cysylltiedig yn ei le yn barod. Mae mwyafrif y defaid yn derbyn dwysfwyd erbyn hyn – wedi dechrau ar gymysgedd o 'sugar beet' ac India-corn, a nawr ar gymysgedd gan Bibby Agri sy'n cynnwys gwenith, ceirch, sugar beet, India-corn a soia. Mae soia yn ffurf werthfawr iawn o brotein i ddefaid a dylid ceisio cynnwys 100g o soia i ddafad sy'n cario un oen a 200g i ddafad sy'n cario dau oen. Wrth ystyried bod y defaid yn derbyn 1kg o ddwysfwyd mae angen i'r blawd gynnwys 20% o soia.

Mae'r holl ddefaid wedi cael brechiad Covexin 8 i atal afiechydon clostridiol (bydd yr imiwnedd hefyd yn trosglwyddo i'r oen trwy'r colostrwm) a hefyd dos lladd ffliwc. Un o'r problemau cyn yr wyna yw'r 'llawes goch' neu 'prolapse'. Wrth i'r ŵyn dyfu yn y ddafad mae llai o le yn ei stumog sy'n golygu wrth iddi orfwyta (i geisio ymateb i ofynion egni ei chorff) mae rhywbeth yn gorfod rhoi! Pan welwn lawes goch rhown harnes arni ac yna ei rhoi mewn corlan efo bwced Crystalyx a fydd yn ei helpu i gwrdd â'i gofynion egni.

Mae prawf TB arall ar y fuches yr wythnos yma, a gan fod y canlyniad bob amser fel loteri penderfynon ni werthu 60 o wartheg stôr (deg mis oed) ym marchnad y Trallwng ar y 23ain o Chwefror. Er bod y prisiau'n is na'r llynedd roeddwn yn fodlon iawn, yn enwedig wrth ystyried oedran y gwartheg. Braf oedd cael cwsmer da o Henffordd yn dychwelyd eto eleni a phrynu 43 ohonynt.

Wrth drafod TB hoffwn eich annog i ddefnyddio'r gwasanaeth ar gyfer profi moch daear sydd wedi marw – boed ar ochr y ffordd neu mewn cae. Fel y gwyddoch, nid yw'r Cynulliad bellach yn brechu moch daear ar ôl treialu hynny am bedair blynedd (ar gost o tua £673 y mochyn daear!) ac efo Etholiadau Seneddol Cymru ym mis Mai rhaid gobeithio y bydd polisi a chyfeiriad newydd i ymladd TB. Yn y cyfamser mae'r adran iechyd anifeiliaid yn casglu moch daear marw ac yn eu profi am TB i geisio cael map o'r ardaloedd gwaethaf.

Gwerthu gwartheg stôr ym marchnad y Trallwng

Cawsom drip diddorol efo'r Gymdeithas Tir Glas yn ymweld â phencadlys Genus yn Rhuthun a Llŷr 'Derwydd' yn Llanfihangel Glyn Myfyr. Roedd Arwel Dyffryn wedi trefnu'r ymweliad â Genus a syndod i bawb oedd gweld y fath gyfleusterau a thechnoleg sydd eu hangen i gael tarw potel. Ffarmwr ifanc yw Llŷr ac mae ganddo lawer o fusnesau ynghlwm i'w ffarm fel y system hydro-electrig, gwasanaeth derbyn stoc wedi marw ac yn fwy diddorol, busnes cynhyrchu olew coginio Y Blodyn Aur. Mae'r olew yn cael ei gynhyrchu ar y ffarm a difyr iawn oedd clywed am ei drafodaethau efo ASDA a Sainsbury's a'r gwahaniaeth mewn pris rhwng y ddwy archfarchnad. Cefnogwch Llŷr drwy brynu olew 'rapeseed' Y Blodyn Aur.

Gobeithio bod pawb wedi derbyn eu Taliad Sylfaenol erbyn hyn, gan fod y Cynulliad yn honni bod dros 80% wedi ei dderbyn, neu wedi derbyn rhandaliad. Yn anffodus, rydym ymysg yr 20% sy'n dal i fod yn aros. Hefyd, mae canran uchel iawn o'r ceisiadau wedi derbyn cosb am or-ddatgan ac efo'r apeliadau yn cymryd amser hoffwn gael newyddion am fy nghais er mwyn cael trefn ar y gyllideb. Hir yw pob aros! Mae'r Cynulliad wedi creu cyfrifiannell ar-lein (ar eu gwefan RPW Online) ar gyfer y taliad sylfaenol i amcangyfrif eich taliadau hyd at 2019. Nid yw'r rhagolwg yn ffafriol iawn ond pwysig iawn yw sylweddoli gwirionedd y sefyllfa o flaen llaw.

Mae'r Cynllun Cynnyrch Cynaliadwy (Sustainable Production Grant) yn ail agor ar y 29ain o Chwefror ac yn cau ar y 25ain o Ebrill. Mae'r cynllun ar agor i holl ffermwyr Cymru sydd eisiau buddsoddi yn nyfodol eu busnesau a siomedig iawn oedd gweld mai dim ond 12 o ffermydd oedd yn llwyddiannus yn y ffenestr flaenorol.

Newyddion mwy positif ydy bod Llysun yn un o bedair ffarm yng Nghymru sydd wedi cael ei dewis fel ffarm arddangos Cyswllt Ffermio. Mi fydd holl elfennau'r busnes yn cael eu sgriwtineiddio ac amryw o brosiectau yn cael eu treialu dros y blynyddoedd nesaf. Gobeithiaf y bydd o fantais i'r diwydiant cyfan yn ogystal ag i ni.

Mae Cyswllt Ffermio wedi cynnig gwasanaeth ac arweinyddiaeth ar faterion technoleg dros y deng mlynedd ddiwethaf ac ar wefan Menter a Busnes mae llawer o wybodaeth ddefnyddiol yn enwedig o dan y pennawd 'Information Hub'. Yno mae clipiau fideo gwych a byddwn yn eich annog i'w gwylio. Mae yno hefyd fap yn dangos tymheredd y pridd er mwyn amseru'r defnydd o wrtaith.

Mwynhewch yr wyna!

Mai 2016

Yn tydi amser yn hedfan pan fo rhywun yn mwynhau?! Ac felly rhaid ymddiheuro am fethu erthygl fis Ebrill yng nghanol bwrlwm a helynt yr wyna. Mae'r gwanwyn yn bygwth deffro a braf fyddai gweld cyfnod sefydlog o dywydd 'tyfu' go iawn, ond yn anffodus mae'r rhagolygon yn nodi y bydd y tywydd oer yn parhau i mewn i fis Mai, sy'n newyddion drwg i'r borfa ac i'r stoc. "You have to be a grass farmer before you become a sheep farmer" fel maent yn dweud yn Seland Newydd.

Mae'r wyna bron â gorffen efo ychydig o ŵyn benyw ar ôl. Cawsom gyfnod prysur ond gyda thîm da o staff aeth popeth yn weddol hwylus. Diolch i Des, Thomos, Sion a'r teulu am eu holl ymroddiad. Yn anffodus

bu i fwy o ddefaid farw eleni na'r arfer – pam? Sganio uchel? Defaid yn ordew? Pwy a ŵyr?! Rydym wedi dechrau tocio a gweithio'r ŵyn sef 'torri' ar ŵyn, rhoi dos o Cydectin iddyn nhw a Scabivax rhag orf, yn ogystal â thorri'r cynffonnau. Mae teclyn o'r enw Vetmarker o Seland Newydd i'w weld ar YouTube sy'n hwyluso'r gwaith yma (ac os oes rhywun awydd mynd yn rhannol ar ôl ei weld, rhowch alwad!).

Erbyn hyn mae'r ffocws wedi newid i'r gwartheg sy'n lloio. Mae tua 70 o loi wedi cael eu geni yn y tair wythnos gyntaf. Y lloi cyntaf i gael eu geni oedd lloi Angus Americanaidd yr heffrod, a'u prydlondeb yn sicrhau lloi bach a hwythau'n fywiog ac yn sugno mewn dim. Efo'r lloi i gyd yn ddu fel bol buwch anodd iawn yw gwahaniaethu rhyngddynt ac felly mae'n bwysig eu tagio cyn gynted â phosib!

Cafodd ein Taliad Sylfaenol ei dalu ar yr 8fed o Ebrill, ond efo cosb am or-ddatgan ar 14 o gaeau! Mae'r broses o apelio wedi dechrau a diolch i Wyn Jenkins yn Llanfair am ei gymorth. Mae ffurflen gais sengl 2016 i fod i mewn erbyn 16eg o Fai a dim ond ar-lein mae posib gwneud cais eleni. Rwy'n eich annog i edrych ar eich manylion mor fuan â phosib oherwydd yr holl newidiadau (eto). Ni fedraf ddeall pam fod angen y fath gymhlethdod a dwyster i ffurflenni, heblaw i wneud llenwi a chwblhau'r ffurflen yn amhosib i ffermwyr?

Gan fod etholiad y Cynulliad yr wythnos nesaf (dymuniadau gorau i ti Aled), y bleidlais Brexit ym mis Mehefin ac yna etholiad yr UDA ym mis Tachwedd, mi fydd pawb wedi cael llond bol ar drafod gwleidyddiaeth! Fel amaethwyr, y bleidlais Brexit fydd yn cael y dylanwad mwyaf ar ein busnesau. Efo dros 60% o gig oen Cymru yn cael ei allforio mae unrhyw newid i'r gallu i fasnachu yn fygythiad gwirioneddol i fywoliaeth pob ffarmwr yn yr ardal. Yn anffodus, ychydig o atebion sydd ar gael i'r dadleuon felly edrychaf ymlaen dros y mis nesaf at gael mwy o eglurhad ar y materion pwysig.

Trist yw sefyllfa'r diwydiant llaeth ar y funud hefyd gan fod pris y llaeth yn llai na'r gost o'i gynhyrchu sy'n gorfodi llawer o fuchesi a ffermydd hyd yn oed i gael eu gwerthu. Mae'n sicr fod y gor-gynhyrchu yn deillio o'r prisiau da ychydig o flynyddoedd yn ôl a wnaeth annog y ffermwyr i gynyddu nifer eu gwartheg yn sylweddol. Yn anffodus mae sefyllfa'r sector odro yn dylanwadu'n fawr ar y sector biff a defaid efo niferoedd uwch na'r arfer o wartheg yn cael eu lladd fel biff ac yn tynnu'r pris i lawr. I gael diwydiant amaeth cryf a llewyrchus mae angen i bob sector fod yn gryf a phroffidiol.

Un gwyn barhaus am ffermwyr yw ein bod yn rhai sâl am werthu ein hunain, ac felly rhaid canmol cynhyrchwyr y rhaglen *This Farming Life* a fu'n dilyn hynt a helynt pum ffarm yn Yr Alban. Mae'n sicr fod pob ffarm a phob sefyllfa yn wahanol a gwych oedd gweld hyn yn cael ei gyfleu mewn rhaglen hynod ddiddorol.

Mae cyfnod prysur yr wyna a'r lloio yn dod â'i fanteision – mae'r belt wedi gallu dychwelyd yn ôl ddau dwll a'r bol wedi diflannu! Mae gan Catrin declyn o'r enw Fitbit sy'n cyfri'r nifer o gamau yr ydych yn ei gerdded ac yna yn eu newid i mewn i bellter. Fawr o syndod fod y bol wedi lleihau efo'r Fitbit yn cofnodi fy mod i wedi cerdded 18km mewn un diwrnod!

Ar eich cyfer y mis yma ar YouTube mae fideo o ffarmwr cyfarwydd yn ceisio gwerthu delwedd cig oen ar gyfer Waitrose:

- 'Waitrose Welsh Lamb'

Mwynhewch a hwyl am y tro!

Mehefin 2016

Yn tydi diwedd mis Mai yn adeg hyfryd o'r flwyddyn, yn enwedig pan fo'r haul yn tywynnu trwy'r tes ymlaen i'r holl wyrddni, a'r adar bach yn prysur sgwrsio a chlebran o oriau cynnar y bore? Hefyd, mae'n amser siorts a chyfle i'r coesau weld ychydig o olau dydd ar ôl y gaeaf hir!

Mae'r ŵyn i gyd wedi cael eu triniaeth gyntaf, y defaid wedi eu tocio a'r mwyafrif wedi dychwelyd i'r mynydd i'w preswyl dros yr haf. O'i gymharu â 2015, mae tyfiant y borfa ar y mynydd o leiaf bythefnos yn hwyrach sydd wedi arafu'r holl system o symud y defaid o'r caeau silwair yn Llysun i'r mynydd. Yn ffodus mae natur yn wych iawn am gywiro ei hun, ac mae digon o borfa erbyn hyn. Mae ychydig o ddefaid wedi cael mastitis ar y mynydd, ac er bod triniaeth gyda phenisilin yn medru achub y ddafad, yn anaml iawn mae modd achub ei phwrs.

'Lladdwr' arall ar ddefaid yr amser yma o'r flwyddyn yw defaid yn mynd ar eu cefnau – mae'n debyg bod y cnu gwlân yn drwm ac yn chwyslyd sy'n arwain y defaid i fod eisiau cosi. Anodd iawn yw derbyn gweld dafad iach yn farw ar ei chefn ac felly bob nos mae'n rhaid mynd o amgylch y mynydd i sicrhau bod pob dafad ar ei thraed.

Cafodd y mynydd i gyd wrtaith bythefnos yn ôl efo traean o'r tir yn cael Humber a'r gweddill yn cael gwrtaith confensiynol. Rwy'n bwriadu cynnal treial am dair blynedd i weld a oes gwahaniaeth rhwng y ddau fath.

Mae'r lloio wedi arafu gan adael 15 buwch ar ôl ym mis Mehefin (ac yn anffodus ddechrau Gorffennaf). Am y tro cyntaf ers talwm rydym wedi cael problem sgwrio yn y lloi diweddaraf. Ar ôl gyrru samplau at y milfeddyg cawsom gadarnhad bod cryptosporidiosis yma, sy'n fath eithaf ffyrnig o sgwrio ac yn heintus iawn. "Cleanliness is next to godliness" yw'r ffordd orau i gywiro'r sefyllfa. Ond i'r lloi a gafodd eu heintio bu triniaeth ddwys (a drud) dros gyfnod. Mae ychydig o'r lloi wedi bod yn wan ac rydym wedi bod yn cymryd gwaed o'r gwartheg hyn i weld a oes diffyg seleniwm neu ïodin yn eu cyrff, ond mae'r canlyniadau ychydig yn ansicr a bydd rhaid samplu mwy o'r gwartheg i gael darlun cliriach.

Rydym wedi ailhadu cae yn Perthi fel rhan o brosiect Cyswllt Ffermio. Mae'r prosiect yn treialu Fixation Clover, sef math newydd o feillion a welais yn tyfu yn Oregon Hydref diwethaf. Trwy gydweithrediad efo ASDA rydym wedi gallu mewnforio ychydig ohono a dyma'r tro cyntaf iddo gael ei dyfu yma ym Mhrydain. Mae'r treial yn cymharu Fixation Clover (FXC) ar ei ben ei hun, FXC efo Italian ryegrass (IRG), ac IRG efo meillion arferol. Efo'r cyfan wedi ei hadu gobeithiwn am dywydd ffafriol i bopeth gael chwarae teg.

Ar y 29ain o Fehefin mi fydd diwrnod agored yn Llysun fel rhan o ddathliadau Cymdeithas Tir Glas Cymru yn 50 oed. Mae'r mudiad yn cynnal pum diwrnod agored ar hyd a lled Cymru o Sir Benfro i Ben Llŷn. Mi fydd y diwrnod agored yn cychwyn am 2pm efo ychydig o stondinau 'trêd' yn mynychu yn ogystal â Cyswllt Ffermio, Hybu Cig Cymru ac Innovis. Mi fydd yno hefyd daith ar dractors a threlars o gwmpas Llysun ac i ben y mynydd lle byddaf yn esbonio ychydig am y ffarm ac mi fydd Charlie Morgan a Dave Davies (arbenigwyr mewn tyfu porfa a phorthiant) ar gael i awgrymu ac esbonio arferion da. Mae croeso i bawb, boed yn amaethwyr ai peidio, yn hen neu'n ifanc!

Erbyn y diwrnod agored mi fyddwn wedi cael y cyfle i bleidleisio ar ddyfodol yr Undeb Ewropeaidd. Mae'r ddadl yn dechrau poethi, ond yn anffodus ychydig iawn o wybodaeth ffeithiol sy'n cael ei chyflwyno. Ni ddylai penderfyniad mor bwysig gael ei ddylanwadu gan '*scaremongering*'. Fy hun, ar y funud, mi fyddaf yn pleidleisio i aros.

Yn dilyn etholiad y Cynulliad, da oedd gweld amaethyddiaeth yn cael cydnabyddiaeth lawn efo Lesley Griffiths yn cael ei phenodi yn weinidog amaeth. Gobeithio y bydd yn medru cydweithio efo ffermwyr a'r undebau a chynrychioli ac arwain y diwydiant mewn cyfnod digon anodd.

Braf oedd mynychu Rali'r CFfI yn y Drefor, Kerry lle bu CFfI Dyffryn Banw yn cystadlu'n frwd, a da oedd gweld criw ifanc yn mwynhau wrth gynrychioli'r dyffryn.

Adleis a Grug yn gwisgo aelod hŷn fel seren bop Katy Perry yn y Rali!

Hefyd llongyfarchiadau mawr i Mam am gael ei phenodi'n Uchel Siryf Powys am y flwyddyn nesaf. Mae'n debyg mai hi yw'r Gymraes Gymraeg gyntaf i fod yn Uchel Siryf Powys, ac yn sicr hi yw'r gyntaf o Ddyffryn Banw i lenwi'r swydd. Pob dymuniad da yn ystod y flwyddyn i ddod, Mam.

Mae clip YouTube i'w gael ar Fixation Clover sy'n dangos meillion yn cael eu tyfu yn Oregon.

Hwyl am y tro ac edrychaf ymlaen at eich croesawu i Lysun ar y 29ain o Fehefin!

Y Barnwr Niclas Parry gyda Mrs Ann Tudor wedi'r seremoni yng Ngregynog.

Gorffennaf 2016

Yn tydi mis yn hedfan?! Eto! Fel amaethwr sy'n cyd-fyw efo natur a'r tymhorau mae'n rhaid cyfaddef, er yr holl brysurdeb, mai Mehefin yw fy hoff fis – mae'r diwrnodau hir diddiwedd yn bleser llwyr, a phopeth yn ei ogoniant (heblaw'r tywydd cyfnewidiol!).

Fe ddechreuodd y mis efo cyfnod o dywydd braf, sych a chynnes a welodd y borfa yn deffro go iawn efo tyfiant cyflym. Y sialens oedd ceisio rheoli'r borfa efo defaid a gwartheg i sicrhau parhad o laswellt ag ansawdd. Mae gan bob math o laswelltyn 'heading date' pan fydd yn newid o dyfu deilen i dyfu had, gan amlaf ym mis Mehefin. Yn anffodus, ychydig iawn o fodd sydd mewn planhigyn sydd wedi dod i ben ac felly pwysig yw ceisio atal y broses trwy bori'n drwm, ond yn anffodus natur sy'n ennill yn y diwedd bob tro.

Hyfrydwch Dyffryn Banw

Am dros ddau ddiwrnod, bu Andrew Cefncleisiog, Gerallt Penllwyn, John Maescarneddau ac Alwyn Melingrug yn cneifio yma gan gneifio 850 o ddefaid ar y mynydd ar y diwrnod cyntaf. Cafodd yr ŵyn i gyd ddos o Levitape gan fod llawer ohonynt yn dioddef o sgwrio gwyrdd fel dŵr oherwydd llyngyr nematodirus.

Y cnu ar y trelar

Yn dilyn y cneifio fe drodd y sylw at weithio'r tir. Ar ôl i'r cae gael ei ladd efo Roundup, bu discio yna defnyddio'r 'power harrow', cyn hadu efo Javelin gan Oliver Seeds. Yn anffodus bu glaw cyn gorffen rowlio'r cae, ac felly ni chafodd y llechweddi eu rowlio. Er hyn mae'r hadau yn mentro allan erbyn hyn ac fe ddylai fod porfa flasus i'r ŵyn o fewn tua chwe wythnos. Mae'r Fixation Clover wedi sefydlu yn dda efo'r ryegrass ond siomedig yw'r caeau meillion ar eu pen eu hun. Mae gobaith o gael toriad o silwair oddi arno o fewn tua mis. Fel rhan o'r treial efo Cyswllt Ffermio mi fydd ansawdd y silwair yn cael ei ddadansoddi a'i gymharu â'r meillion cyffredin.

Mae tri llwyth o ŵyn wedi cael eu gwerthu yn ystod y mis ac roedd y prisiau cynnar yn dderbyniol ac yn uwch na'r llynedd. Ar y cyfan mae mwyafrif yr ŵyn tua phythefnos ar ei hôl hi o'u cymharu â'r arfer sy'n adlewyrchu'r gwanwyn oer ac araf.

Bu Glyn Penparc efo ni yn rhoi tanciau dŵr ar y mynydd er mwyn cael cronfa ddŵr i'r gwartheg. Gan fod llawer o ffosydd a nentydd bach ar y mynydd mae digon o ddŵr yno (gan amlaf) sy'n ddigon i'r defaid ond mae angen stôr dda o ddŵr i'r gwartheg a'r lloi. Mae'r tir mawn yn gweithio fel sbwng ac ar ôl glaw mae digonedd o ddŵr, ac felly'r bwriad yw cadw cymaint ohono ag sy'n bosib. Mae ceisio rheoli esgell ar y mynydd yn frwydr barhaol ac felly cawsom y blits blynyddol ar y mynydd efo Sion, Thomos a finnau yn defnyddio nap-sac ac *weed wiper* tu ôl i'r beic sy'n gweithio'n dda. Mae boddhad mawr i'w gael wrth weld eu pennau yn gwywo, a'r gobaith yw na ddônt yn eu holau'r flwyddyn nesaf.

Brwydr flynyddol arall yw ceisio cael tywydd braf i fedru cynaeafu'r silwair. Yr unig fantais heddiw yw bod maint y peiriannau yn galluogi cynaeafu'r caeau yn gyflym iawn sy'n golygu y gallwn fentro ychydig pan fo'r rhagolygon yn awgrymu un diwrnod braf. Ar ôl torri, cafodd yr 130 erw o silwair ei gario i'r pit mewn 11 awr. Ond mi fydd yn cymryd ychydig bach hirach na hynny i'w fwydo i'r anifeiliaid!

Ar ôl codi'r silwair bu Glyn yn rhoi slyri ar y caeau efo 'trailing shoe' sy'n trosglwyddo mwy o faeth y slyri i'r tir, na phan fo'r slyri yn cael ei chwalu i fyny i'r awyr. Mae cnwd y silwair yn godro llawer o faeth o'r caeau yn enwedig potash. Mae cael crop o 8t/acer o laswellt yn tynnu 48kg/acer o botash allan o'r ddaear, ac felly mae'n rhaid ei ailgyflenwi. Mae slyri yn ffynhonnell dda, a hefyd gwrtaith fel 24.0.14 i gael y cyflenwad angenrheidiol. Mae'r pridd fel cyfrif banc – os ydych chi'n tynnu allan mae'n bwysig iawn rhoi yn ôl i mewn, neu mae pethau'n mynd o chwith!

Ar ôl i Iwan Parry destio had y teirw cawsant eu troi allan at y gwartheg ar fore buddugoliaeth Cymru dros Ogledd Iwerddon a gobeithio y cânt gystal hwyl â'r tîm pêl-droed. Mae'r heffrod i gyd wedi cael eu syncroneiddio ac wedi cael tarw AI Angus Oakchurch Duster ar ddiwrnod olaf y mis.

'Exit' amdani felly! Cytuno ai peidio dyma'r dyfodol yn awr a gobeithio bydd modd cael trefn ac arweiniad cryf ar y wlad yn y cyfnod ansefydlog sydd i ddod.

Grêt yw gweld y tîm pêl-droed yn ennill ac yn rhoi Cymru ar y map, a gobeithio bydd y freuddwyd yn parhau am ambell i wythnos arall. Mae moto Cymru yn berthnasol iawn ar y funud #Together Stronger. Pob lwc i Gymru a hwyl am y tro!

Awst a Medi 2016

Wel, am fis prysur a chofiadwy! Fe fu i dîm pêl-droed Cymru ymadael â'r Ewros yn y rownd gynderfynol a chael eu croesawu adref fel pencampwyr, efo Cymru a'r Cymry yn elwa o'r cyhoeddusrwydd a'r gydnabyddiaeth. Da iawn nhw am roi ein gwlad ar y map!

Cawsom ddiwrnod agored llwyddiannus efo tua 180 o bobl yn mentro'r tywydd arswydus. Yn ffodus, bu ychydig o welliant yn y prynhawn i alluogi taith i'r mynydd ar y tractors a'r trelars i weld ychydig o Ddyffryn Banw, a'r defaid a'r gwartheg. Hoffwn ddiolch i bawb a fu yma am eu cefnogaeth, boed yn ffermwyr neu'n stondinau.

Mae'r gwartheg wedi bod yn brysur yn gofyn tarw a does dim seibiant na heddwch i'r teirw! Yn anffodus mae'r tarw newydd Aberdeen Angus wedi gorfod dod i mewn i gael gorffwys oherwydd cloffni ac felly mae tarw Saler wedi cael ei fenthyg o Bwllheli am working holiday! Gobeithio bydd ei waith ar ben erbyn Sioe Llanfair iddo gael cystadlu a'i arddangos. Ar ôl syncroneiddio a chael tarw potel ddiwedd Mehefin, mae tair wythnos wedi mynd heibio a da oedd gweld nad oedd unrhyw un o'r heffrod yn ail-ofyn. Mae hyn yn anarferol iawn efo tua 30-40% fel arfer yn ail-ofyn, ond amser a ddengys. Eleni cafodd yr heffrod raglen syncroneiddio pum diwrnod efo CIDRS yn hytrach na rhaglen saith diwrnod fel yr arfer ac felly mae manteision, weithiau, mewn arbrofi gyda phethau gwahanol!

Mae mwyafrif yr ŵyn wedi cael eu dyfnu oddi ar eu mamau ar y mynydd – yr ŵyn mwyaf wedi dod i lawr adref i'r caeau adlodd a'r rhai llai yn aros ar y mynydd am ychydig hirach. Mantais fwyaf dyfnu yw gallu gwasgu'r defaid yn dynnach ar y borfa sâl a gadael i'r ŵyn gael y borfa orau. Cafodd yr ŵyn eu trydydd dos lladd llyngyr a bolws seleniwm, cobalt, ïodin a chopr i gywiro unrhyw ddiffyg ac i geisio lleihau effaith y straen o golli cwmni eu mamau a'r newid deiet wrth golli'r llaeth.

Mae pedwar llwyth o ŵyn wedi eu gwerthu ac roedd y prisiau wedi codi'n sylweddol o ganlyniad i Brexit ac effaith gwanhad y bunt yn erbyn yr Ewro, sy'n gwneud cig oen yn llawer mwy fforddiadwy ar y cyfandir. Effaith tymor byr Brexit? O ganlyniad i brisiau da'r ŵyn mae prisiau'r hen ddefaid hefyd wedi bod yn addawol a ffodus iawn ydym o gael poblogaeth ethnig cryf sy'n ffafrio'r cig hwn ac yn bwyta llawer ohono ar ffurf cyri a cibabs.

Gan fod y tywydd wedi gwella wythnos y sioe cawsom gyfle i gynaeafu'r Fixation Clover fel byrnau mawr. Ar ôl dau ddiwrnod o haul braf roedd modd ei felio yn sych iawn ac mi fydd yn borthiant da i'r defaid y gwanwyn nesaf. Efo ail dyfiant cryf yn barod y bwriad yw ei dorri eto ddiwedd mis Awst.

Ar yr 11eg o'r mis daeth pedwar beirniad yma o'r *Farmers Weekly* ar gyfer eu cystadleuaeth Ffarmwr Biff, ac ar ôl dwy awr o gwestiynau cymhleth a holi di-baid roeddwn yn teimlo fel fy mod wedi bod mewn cyfweliad ar gyfer swydd y Prif Weinidog newydd! Balch iawn oeddwn o gael y cyfle i ddianc o'u crafangau yn y tŷ a dangos y ffarm a'r stoc iddynt. Profiad diddorol iawn ydoedd ond mae'r cleisiau'n amlwg hyd heddiw wedi fy methiant i gyfleu fy meddylfryd iddynt fel y byddwn wedi hoffi. Er

hyn, byddwn yn sicr o fwynhau'r noson wobrwyo yn Llundain fis Hydref, ac efo Sion Wern hefyd ar restr fer gwobr 'Rheolwr Ffarm y Flwyddyn' mi fydd dathlu go iawn beth bynnag fo'r canlyniad.

Cawsom ychydig o ddyddiau yn y Sioe Fawr yn y gwres a'r haul poeth a chefais y cyfle i sylwebu efo Dai Jones ar gystadlaethau'r gwartheg biff. Braf oedd y profiad a da oedd gweld tarw Henffordd yn ennill y brif wobr sef Pencampwr y Sioe. Cafodd Dad sioe lwyddiannus wrth ennill prif wobr y sioe, gwobr Syr Bryner Jones am ei gyfraniad i Dir Glas yng Nghymru. Balch iawn oeddwn ar ei ran o wybod ei ymroddiad drwy gydol ei oes i wneud y deunydd gorau o dir glas.

Llongyfarchiadau mawr hefyd i Gary ac Anwen Orrells, Aber-miwl am ennill gwobr Cynhyrchydd Cig Oen y Flwyddyn i Waitrose, a'r teulu yn ennill taith i Seland Newydd. Prif atyniad y Sioe i mi yw'r ochr gymdeithasol a chael cyfle i gwrdd a thrafod efo ffrindiau ar hyd a lled y wlad. Eleni bu brawd Catrin a'i blant draw o Kansas i weld y Sioe gan fwynhau'n fawr a synnu at gymaint oedd i'w weld ac i'w wneud yno mewn awyrgylch cyfeillgar a saff.

Mae'r mis wedi gweld newidiadau mawr ym myd gwleidyddiaeth efo'r llywodraeth wedi ymateb yn gyflym yn sgil pleidlais Brexit. Da oedd gweld cyflymder y broses efo Prif Weinidog a chabinet newydd yn cael eu penodi i geisio sefydlogi'r wlad mewn cyfnod ansicr. Amser a ddengys os bydd Andrea Leadsom, ysgrifennydd newydd Defra, yn cadw'r cymorth i ffermwyr gan obeithio na fydd yn cael gwared â'r holl gymorthdaliadau i amaethyddiaeth fel yr awgrymodd yn 2007.

Rydym yn dymuno pob lwc i Des sydd i ffwrdd am gyfnod yn derbyn triniaeth. Mae'n rhyfedd iawn yn Llysun heb ei gwmni difyr. Fe ddechreuodd Des weithio yma yn 1969, naw mis ar ôl i Dad a Mam brynu Llysun, ac felly mae'n rhan bwysig iawn ohonom ac o ddatblygiad y ffarm dros y degawdau. Edrychwn ymlaen at ei groesawu'n ôl yn fuan.

Mi fydd y teulu, ynghyd â phwyllgor y sioe, yn cynnal cinio elusennol Sioe Llanfair eleni. Elusennau Lingen Davies a Chlefyd Motor Neuron fydd yn elwa o'r diwrnod ac felly dewch yn llu i gefnogi.

Ar eich cyfer y mis yma mae clip ar YouTube o'r 'US Agriculture Secretary' Tom Vilsack – 'Sustain VC Tom Vilsack' – geiriau cryf.

Hwyl am y tro a mwynhewch weddill yr haf!

Hydref 2016

Croeso yn ôl i Lysun ar ôl mis o seibiant o'r *Plu*! Mae'r hydref wedi cyrraedd yn swyddogol a'r nosweithiau yn hirach na'r dyddiau, ond efo'r tywydd yn llawer mwy sefydlog mae modd gyrru ymlaen efo'r holl waith tymhorol.

Mae'r cynhaeaf wedi'i gyflawni – mae 70 acer o'r ail doriad yn y pit ac 20 acer o'r cae Fixation Clover wedi ei wneud yn fyrnau mawr. Torrwyd y cae fis yn union ar ôl y toriad cyntaf a chafwyd 152 o fêls – 72 o fêls a chafwyd ar y toriad cyntaf. Yn anffodus gan fod y cynhaeaf wedi cael ei ruthro oherwydd rhagolygon glaw ni chafodd y cnwd gyfle i sychu'n ddigonol, efo'r byrnau mawr hwyrach yn fyrnau bach fflat trwm! Rhoddwyd Roundup ar un o'r caeau ail doriad pum diwrnod cyn ei dorri ac yna ar ôl ei gynaeafu bu discio, defnyddio *power harrow*, hadu (cymysgedd pedair blynedd efo meillion coch) a rowlio, efo'r cae wedi'i orffen wythnos ar ôl casglu'r silwair. Mae'r tywydd ffafriol ddiwedd mis Awst a mis Medi wedi sicrhau tyfiant cyflym a'r ŵyn yn gallu pori yno ar y 23ain o Fedi.

Rhoddwyd gweddill y slyri a'r tail ar y caeau silwair, ynghyd â 50kg/acer o 24.4.14+7. Mae'r tir pori hefyd wedi cael tua 50kg/acer o wrtaith yng nghanol mis Awst i gyd-fynd efo 'twf Awst' er mwyn rhoi hwb i'r borfa a sicrhau gorchudd digonol i'r hydref ac i mewn i'r gaeaf. Ar ôl asesu'r priddoedd ar y mynydd rhoddwyd dwy dunnell/acer o galch i dri chae i gywiro'r pH. Mae'n rhaid gwneud canran o'r caeau bob blwyddyn er mwyn cynnal ffrwythlondeb y pridd. Y bwriad ar y mynydd yw sicrhau bod lefelau'r pH, P a K yn gywir, a hefyd canolbwyntio ar ychwanegu sylffwr, sy'n bwysig iawn i'r planhigion.

Cafodd yr ŵyn menyw eu cadw heb eu cneifio tan ddechrau mis Awst ynghyd â chael bolws 'lamb finisher' gan Animax. I gymharu â'r ŵyn pesgi mae'r ŵyn menyw wedi dod yn eu blaenau yn well nag erioed. Gan nad oedd yr ŵyn pesgi yn magu pwysau cystal â'r arfer, fe wnaeth y milfeddyg gymryd gwaed a samplau baw gan yr ŵyn i geisio datrys y broblem. Diddorol oedd y canlyniadau – dim llyngyr oedd y broblem ond diffyg cobalt, neu fitamin B12. Wrth drafod efo eraill mae'r diffyg yn debyg iawn ar lawer o ffermydd eleni, ond pam? Pwy a ŵyr?! I geisio cywiro'r broblem mae'r ŵyn i gyd wedi cael pigiad fitamin B12. Pan fûm yn gweithio yn Mount Linton yn Seland Newydd, roedd rhoi fitamin B12 i gywiro diffyg cobalt yn rhywbeth rheolaidd ac arferol iawn, ond nid yw'n rhywbeth y bu'n rhaid ei wneud yma o'r blaen – mae pob blwyddyn yn wahanol.

Erbyn hyn mae'r holl ddefaid wedi cael eu tocio, eu dosio rhag ffliwc, eu bolysio efo seleniwm, cobalt ac ïodin, eu dipio, a nawr maent yn barod i fynd at yr hyrddod.

Ar ôl mis Gorffennaf prysur mae gwaith y teirw ar ben ac mae'r gwartheg i weld yn dawel iawn. Bu Iwan Parry yma yn sganio'r heffrod ac roedd 18 o 23 wedi sefyll i'r tarw potel ar ôl cael eu syncroneiddio. Dyma'r canlyniad gorau i mi ei gael ers sawl blwyddyn. Mae canlyniadau ar ôl syncroneiddio yn amrywio o le i le ac o flwyddyn i flwyddyn ond y peth pwysig yw peidio â rhoi'r ffidil yn y to! Yn anffodus, bu'n rhaid cael prawf TB ar y fuches gyfan ddechrau mis Medi (y trydydd tro mewn llai na blwyddyn!), ac roedd y gwartheg yn gyndyn iawn i ddychwelyd i lawr o'r mynydd. Ar ôl pedwar diwrnod o destio, yn ffodus, roedd popeth yn glir. Ar lefel genedlaethol mae haint TB yn cynyddu'n sylweddol sy'n tanlinellu methiant Llywodraeth Cymru i reoli'r pla. Yn ôl ffigyrau diweddaraf y flwyddyn ddiwethaf mae nifer y gwartheg sydd wedi gorfod cael eu lladd oherwydd TB wedi cynyddu i 9476 sy'n gynnydd o 43% o'i gymharu â'r flwyddyn flaenorol. Mae'n amlwg bod eu polisi presennol yn fethiant.

Tu allan i brysurdeb y ffarm cefais ddiwrnod braf yn beirniadu dosbarthiadau biff yn Sioe Eglwysbach. Syndod oedd gweld torf o bobl yn cefnogi sioe fach ac roedd y prysurdeb a'r awyrgylch yn anhygoel. Sioe Dinbych a Fflint oedd nesaf lle bûm yn cynrychioli Hybu Cig Cymru ar banel cwestiynau. Teimlaf yn gryf y dylai aelodau o fwrdd HCC fod yn ymatebol i'r ffermwyr a da oedd cael y cyfle i ymateb i'r holl holi.

Y sioe nesaf wrth gwrs oedd Sioe Llanfair. Rhaid diolch i bawb a ddaeth i gefnogi'r sioe yn y fath dywydd ac i swyddogion a thîm y sioe am eu holl waith caled a'u cydweithrediad fel arfer. Er i'r cae (a finnau!) edrych yn drist ar y noson, mae'r tywydd sych ac ychydig o TLC wedi gwella'r creithiau. Gwych oedd gweld y gystadleuaeth cneifio cyflym yn llwyddiant efo cefnogaeth a chynulleidfa gref yn annog y cneifwyr.

Ar y 19eg o Fedi bu Dai Jones a chriw *Cefn Gwlad* yma yn ffilmio a rhwng gwledda yn Cann Office a'r Cwpan Pinc cafwyd cyfle i ddangos prydferthwch Dyffryn Banw iddynt. Edrychaf ymlaen at weld y rhaglen yn y flwyddyn newydd.

Hefyd bu Daloni yma efo *Ffermio* yn trafod gwobrau'r *Farmers Weekly*. Bu Ifan, mab hynaf Daloni yn gweithio yma dros gyfnod yr wyna yn 2014 ac felly braf bob amser yw cael cyfle i ddal i fyny efo hanes ei theulu.

Mae Morgan wedi dychwelyd i ddosbarth 4 (i mi!) yn yr ysgol a Sion wedi dychwelyd i'r coleg yn y Drenewydd ar ôl gwyliau'r haf ac mi fydd yno dri diwrnod ac yma am ddau. Ar ôl gorffen yn Llysfasi rydym yn falch iawn fod Thomos wedi derbyn gwaith llawn amser yma yn Llysun. Mae'r tri yn frwdfrydig iawn a braf yw cael gweithio yn eu cwmni.

Rhaid i mi orffen trwy ddiolch i Alyn Glanaber am ei daith ddiddorol o amgylch yr ardal fel Cadeirydd Tir Glas Bro Ddyfi. Cawsom brynhawn gwych ac roedd ei holl waith caled i wella'r porfeydd yn amlwg iawn. Bydd rhaglen aeaf Tir Glas Bro Ddyfi yn dechrau nos Fercher, Hydref 12fed, ac mae croeso cynnes i aelodau newydd. Rydym yn cwrdd yn y Llew Coch yn Dinas unwaith y mis efo amrywiaeth o siaradwyr o'r diwydiant.

Tachwedd 2016

Gobeithio i bawb fwynhau'r awr ychwanegol yn eich gwlâu a dal i fyny ar eich 'biwti sleep' – yn anffodus nid yw awr yn ddigon i mi! Ar ôl cael glaw trwm trwy'r dydd ar y 1af o Fedi, fe gafwyd heddwch am fwyafrif y mis efo digon o dywydd sych a braf, sy'n fendith i bob amaethwr adeg yma o'r flwyddyn.

Dechreuodd y mis efo llond bws o Gymdeithas Amaeth Llanilar yn ymweld â Llysun yn ogystal ag Edward Sychtyn a'i system 'anaerobic digester' sy'n cynhyrchu trydan. Efo tywydd bendigedig a chriw cyfeillgar a hwyliog, cafwyd prynhawn pleserus dros ben gan orffen yn y Cann Offis.

Richard yn derbyn ei wobr gan Fiona Bruce

Nid hawdd oedd cael pawb yn ôl ar y bws ddiwedd y noson!

Trwy'r cynllun hyfforddi Cyswllt Ffermio fe fûm ar gwrs tri diwrnod yn Llysfasi yn dysgu DIY AI, fel fy mod yn medru rhoi tarw potel i rai o'r gwartheg fy hun. Diddorol iawn oedd y cwrs er bod rhaid cyfaddef ei fod yn llawer anoddach na'r disgwyl.

O Lysfasi i Lundain, ac i noson wobrwyo'r *Farmers Weekly* yn y Grosvenor House Hotel. Efo pawb wedi sgrwbio a gwisgo eu dillad crand cafwyd noson fendigedig, a braf oedd cael dathlu gwobr y 'Beef Farmer' efo teulu a ffrindiau. Teimlaf fod yr anrhydedd yn bwysig i danlinellu pwysigrwydd ffermydd teuluol biff a defaid yn ucheldiroedd Cymru. Yn anffodus cafodd y dathliadau eu torri'n fyr ar ôl i Morgan gael ei ruthro i'r ysbyty yn Telford am lawdriniaeth frys ar ei bendics. Efo Morgan yn rhan bwysig a blaenllaw o weithgareddau'r ffarm, da oedd cael dod â'r darian adref iddo i'r ysbyty. Er iddo gael pythefnos anodd rydym i gyd yn falch o weld ei fod yn cael blas ar fwyd o'r diwedd. Hoffwn ddiolch i bawb am y cofion tuag ato.

Ar yr 16eg o Fedi cafodd Arwel a Mandy Dyffryn arwerthiant o'u diadell defaid Charollais ym marchnad y Trallwng. Roedd safon y defaid yn rhagorol ac roeddent i gyd yn edrych ar eu gorau – yn glod i'r blynyddoedd o waith caled a'u hymroddiad i'r defaid. Efo Glandon wrth y llyw, torf o bobl yn awyddus i brynu, cafwyd arwerthiant anhygoel a'r defaid wedi mynd i bob rhan o'r Deyrnas Unedig. Llongyfarchiadau i'r ddau ohonoch.

Cefais ymweliad diddorol â ffarm David Walston yn Sir Caergrawnt (mab i Oliver Walston) i weld ei system 'no-till' ar ei dir âr. Roedd y cyfarfod yn ddilyniant i'r trip a gafwyd i'r UDA y llynedd ac yn gyfle i gymharu iechyd ein pridd. Bu i bawb yn y grŵp ddanfon samplau o'u priddoedd ar eu fferm draw i'r UDA i gael eu profi, a syndod oedd gweld priddoedd o dan laswellt yn llawer iachach a ffrwythlon na phriddoedd tyfu cnydau, sydd eto'n tanlinellu pwysigrwydd defaid a gwartheg yn pori a dychwelyd maeth i'r tir.

Yma yn Llysun, cafodd yr hyrddod cyntaf eu troi allan ar y 18fed ac yna'r gweddill ar y 27ain, sydd ychydig yn hwyrach na'r arfer. Er hyn, gan fod Pasg yn hwyrach mi fydd yn cyfateb i fwy o helpars! Mae'r ŵyn Aberfield (dafad Gymraeg Tregaron efo hwrdd croes Texel a Blueface) wedi bod yn siomedig eleni gan fod chwech wedi marw o'r 60 a brynwyd ddiwedd mis Awst. Er iddynt gael dau frechiad o Heptavac P, bu i ryw fath o niwmonia gael y gorau ohonynt.

Nid ydym fel rheol yn defnyddio Heptavac P yma, ac o fy mhrofiad i, mae mwy o golledion ar ei ôl. Rwyf yn gobeithio bod y broblem wedi ei datrys ar ôl rhoi Terramycin LA i'r gweddill.

Mae'r rhan fwyaf o'r gwartheg i mewn erbyn hyn ar ôl i'r borfa leihau ar y mynydd. Erbyn dechrau mis Tachwedd mae'r gwartheg hefyd yn awyddus i ddod adref i gael llond bol o fwyd a gwely sych. Dim ond agor y giât wrth Diosg sydd ei angen ac i ffwrdd â nhw – nid oes angen sat-nav!

Trwy Cyswllt Ffermio rydym yn edrych i mewn i'r broblem o ddiffyg magnesiwm yn y gwartheg ar ôl i bedair buwch farw eleni, er bod bwcedi mag allan iddynt i'w llyfu. Ar gyfartaledd rydym yn colli tua dwy fuwch bob blwyddyn o ddiffyg magnesiwm a gan fod y symptomau yn taro'r gwartheg mor sydyn, anaml mae cyfle i achub y fuwch yn anffodus. Mae bolws ar gael sydd efallai yn opsiwn, ond dim ond mis mae'r bolws yn para, felly byddai angen rhoi sawl bolws dros gyfnod yr hydref a'r gwanwyn. Gwell fyddai ceisio dod i ddeall y rhesymau sy'n achosi'r broblem a'i datrys felly.

Cafodd 45 o wartheg stôr 15-17 mis oed eu gwerthu ym marchnad y Trallwng ar y 25ain, a'r prisiau'n adlewyrchu'r ansicrwydd yn y sector cig eidion. Efo'r lladd-dai yn lleihau pwysau'r gwartheg a system electronig o raddio'r carcas, mae llawer o newid. Mae'r diffyg trafodaeth efo'r diwydiant i gadarnhau beth yn union y maent ei angen yn arwain at ansicrwydd. Gan fod llai o fewnforio o Iwerddon oherwydd cryfder y bunt, y disgwyl yw y bydd prisiau'r gwartheg yn cryfhau, ond nid felly eto – mater arall i HCC!

Mae Cynhadledd Flynyddol HCC yn cael ei chynnal ym Mangor eleni ar y 10fed o Dachwedd efo amrywiaeth o siaradwyr yn ceisio rhagfynegi'r dyfodol. Bydd hefyd sesiwn hawl i holi efo aelodau'r Bwrdd. Mae croeso cynnes i bawb.

Mwynhewch y nosweithiau hir o flaen y tân a hwyl am y tro!

Rhagfyr 2016

Wel, dyna Dachwedd a mis arall wedi hedfan heibio. Mis digon boddhaol o ran y tywydd ond mis diddorol ac arwyddocaol iawn i'r byd efo Donald Trump yn cael ei ethol yn Arlywydd yr UDA a marwolaeth Fidel Castro. Fy marn ar Trump? Fe gafodd ei ethol yn absenoldeb ymgeisydd credadwy yn ei erbyn a phobl gyffredin y wlad wedi cael llond bol ar wleidyddiaeth gonfensiynol. Er gwaethaf hyn, dyn busnes ydyw ac rwy'n siŵr y bydd yn gofalu am economi ei wlad.

Mis y cynadleddau oedd mis Tachwedd gan ddechrau efo cynhadledd NFU Cymru yn Llandrindod ar y thema 'Y Dyfodol wedi Brexit'. Roedd amrywiaeth o siaradwyr gwych yn mynegi a rhannu eu barn ond anodd iawn yw dyfalu'r dyfodol ar ôl gadael yr Undeb Ewropeaidd. Efo 90% o allforion cig oen Cymru yn mynd i Ewrop mae'n hanfodol bwysig ein bod ni'n marchnata i'r gwledydd hyn. Yng nghanol yr holl ansicrwydd y siaradwr mwyaf positif ac ysbrydoledig oedd Dr David Llewellyn, pennaeth prifysgol Harper Adams. Roedd ei frwdfrydedd i'w groesawu ac yn tanlinellu pwysigrwydd technoleg ac addysg i sicrhau dyfodol disglair i amaethyddiaeth.

Yna, o Landrindod i Fangor a chynhadledd HCC 'Chwifio'r Faner'. Yn dilyn adolygiad diweddar o HCC bu sawl argymhelliad gan gynnwys cyfathrebu efo'r talwyr ardoll (levy) yn fwy effeithiol ac felly dechreuodd y diwrnod efo fforwm a'r bwrdd yn ymateb i gwestiynau o'r gynulleidfa. Cafodd llawer ei drafod yn enwedig gweithgareddau HCC i gynyddu'r alwad am gig oen. Trafodwyd marchnad yr ŵyn bach mynyddig mewn manylder efo llawer eisiau atebion i esbonio'r prisiau isel. Mae'r ŵyn bach/ysgafn yn cynrychioli 15% o ŵyn Cymru (i lawr o 18% yn 2006) ond efo cost prosesu'r oen bach yr un fath â chost prosesu oen mawr, maent o dan anfantais o'r cychwyn. Yma ym Mhrydain mae gwahanol doriadau'r oen yn cael eu gwerthu fel a ganlyn:

- Coesau (ôl) 41%
- Chops 24%
- Ysgwydd 12%
- Arall (mins ayyb) 23%

Fel y gwelwch, mae llawer llai o ysgwyddau yn cael eu gwerthu ac felly i gael cydbwysedd mae'n rhaid allforio ysgwyddau. Ar ddechrau'r gynhadledd fe gyhoeddodd Dai Davies, Cadeirydd HCC, ei fod am ymddiswyddo ar ôl saith mlynedd wrth y llyw. Ar ôl cydweithio efo Dai dros y pedair blynedd diwethaf mae gennyf barch mawr tuag ato ac rwy'n dyst o'i gyfraniad i'r diwydiant. Mae cyfnod y bwrdd presennol hefyd wedi dod i ben a bydd hysbysiad am aelodau newydd dros yr wythnosau nesaf. Efo lle i bum ffarmwr ar y bwrdd mae cyfle i unrhyw amaethwr sydd am fynegi barn ac am arwain y diwydiant i geisio am y swydd.

Rhaid oedd mynd i fyny i Newcastle wedyn i gynhadledd Ysgoloriaethau Nuffield. Cefais gyfle i ddysgu mwy am ofynion a disgwyliadau fy ysgoloriaeth a hefyd i wrando ar ysgolwyr 2014 yn adrodd am eu teithiau. Roedd 20 o gyflwyniadau ond yn ennill y wobr am y cyflwyniad gorau oedd Aled Rhys Jones, Prif Weithredwr Sioe Frenhinol Cymru, efo 'Agricultural Societies and Shows – Where do we go from here?'. Roedd ei adroddiad o'r safon uchaf a'r gynulleidfa wedi eu hudo ganddo – rhoddodd y Cymry ar y map go iawn.

Adref yn Llysun rwy'n hynod o ddiolchgar i bawb sy'n cadw pethau i fynd! Mae mwyafrif yr ŵyn wedi eu gwerthu erbyn hyn, a phopeth wedi pesgi'n dda ddiwedd yr hydref ar ôl haf digon anodd. Fe fu tri hwrdd (dau Roussin ac un Berrichon) allan efo 150 o'r ŵyn menyw am dair wythnos efo'r ŵyn yn cael eu 'gwasgu' ar y borfa i geisio lleihau'r nifer o efeilliaid – amser a ddengys!

Mae'r gwartheg i gyd wedi cael eu sganio efo canlyniadau amrywiol, er yn dderbyniol ar y cyfan. Doedd y tarw Aberdeen Angus ddim yn gweithio am bythefnos cyntaf y tymor ac mae effaith hynny nawr yn amlwg iawn. Cafodd y gwartheg i gyd bolws Animax a dos ffliwc. Mae'r lloi wedi cael eu pwyso, clipio eu cefnau, eu ffliwcio a chael 'pour-on' lladd llyngyr, a nawr maen nhw wedi setlo i mewn i system y gaeaf.

Cawsom lwyth o wrtaith CropMaster Sulphur – 27.4.4+7 yn barod ar gyfer tir Llysun yn y gwanwyn sy'n wahanol i'r Earlybite yr ydym wedi bod yn ei ddefnyddio – nid yw hwnnw ar gael bellach. Pwysig yw cael sylffwr i lawr yn gynnar yn y gwanwyn gan nad yw'r ddaear yn medru ei storio.

Diddorol iawn yw'r argymhellion o'r Iseldiroedd sydd am ddifa 200,000 o wartheg er mwyn arbed llygredd yn eu dŵr. Efo'r wlad yn ddwys iawn o ran gwartheg a moch nid oes digon o dir i'r holl slyri sy'n cael ei gynhyrchu, ac mae hyn yn cael effaith aflesol ar ansawdd eu dŵr oherwydd lefelau uchel o nitrad. Mae chwalu slyri neu faw ar yr wyneb eisioes wedi ei wahardd yno efo popeth yn gorfod cael ei chwistrellu o dan yr wyneb.

Bu Nansi, yr ast Kelpie, am dro i'r 'dog pound' yn Marton diolch i aelod o'r cyhoedd a'i gwelodd hi wrth y bont yn Llanerfyl a meddwl y byddai'n well ffonio'r Sir yn hytrach na gofyn i'r ffarm/tŷ lleol. Yn dilyn taith i Marton a thalu £58 am yr anrhydedd, mae hi'n ôl adref yn wên i gyd!

Bydd rhaglen *Cefn Gwlad* o Lysun yn cael ei darlledu ar nos Lun 5ed o Ragfyr, ac mae pawb yn edrych ymlaen at ei gweld – wel dim bob un ohonom!

Mwynhewch brysurdeb a dathliadau'r Nadolig a ga i ddymuno Nadolig Llawen a Blwyddyn Newydd Dda i chwi oll!

Plu'r Gweunydd

Dyddiaduron 2017

Ionawr 2017

Mae gŵyl y Nadolig a'i holl fwrlwm drosodd am flwyddyn arall a Siôn Corn yn mwynhau gwyliau haeddiannol yn yr haul efo'i draed i fyny mae'n siŵr. Gobeithio bod pawb wedi cael digon o anrhegion, digon o fwyd a diod, a chwmni ffrindiau a theulu, ond hefyd gobeithio i chi oll gymryd munud i ystyried a chydymdeimlo efo'r holl deuluoedd diniwed yn Syria sy'n dioddef oherwydd rhyfel.

Cawsom fis bendigedig o dywydd (gwahanol iawn i 2015!) ac felly gwaith ffensio gafodd y prif sylw dros yr wythnosau diwethaf. Mae'r holl waith ar gyfer Glastir 'up to date' – y ffensio gwrychoedd, plannu coed a thrwsio waliau cerrig, ac ambell i ffens sydd wedi bod ar y rhestr 'pan gawn ni funud' wedi cael sylw o'r diwedd. Newid hen bolion wedi pydru oedd yr angen mwyaf a gobeithio y bydd oes y polion newydd yn hirach na'r hen rai.

Mae'r hyrddod i gyd yn ôl adref a'u tymor hwythau hefyd wedi dod i ben am flwyddyn arall – amser a ddengys pa mor llwyddiannus oedd eu gwaith. Wrth dynnu'r hyrddod cafodd y defaid i gyd ddos o Tribex i ladd ffliwc, ac ailosod tagiau clust coll. Bu'n rhaid ail-dagio oddeutu 40 o ddefaid i gyd, sydd (gan ystyried ein bod yn mynd trwy'r broses yma yn flynyddol) yn dangos faint o dagiau sy'n cwympo o'u clustiau yn ystod y flwyddyn. Mae cost o 79c y ddafad am bâr newydd o dagiau ac mae hi'n orfodol fod y rhif newydd yn cael ei gofnodi yn eich llyfr diadell.

Efo'r lloi yn tyfu'n dda fe benderfynwyd eu dyfnu i gyd wythnos cyn y Nadolig ac er ychydig o frefu am gwpwl o ddyddiau mae pawb a phopeth i weld wedi dygymod â'u bywyd newydd ar wahân. Y bwriad yw targedu arwerthiant gwartheg stôr ddiwedd Chwefror ac efallai diwedd Mawrth, ond dim ond ar ôl cael prawf TB clir. Cawsom lythyr yn ein gorfodi i gael

prawf TB ar y fuches gyfan (eto!) cyn diwedd mis Chwefror – y pedwerydd prawf ar y fuches gyfan o fewn 15 mis, er bod pob prawf blaenorol yn glir. Nid oes yr un anifail na dyn yn mwynhau'r broses, a gan fod sefyllfa TB yn gwaethygu trwy'r wlad mae'n amlwg bod angen ailystyried polisi'r Cynulliad a derbyn bod rhaid rheoli'r afiechyd o fewn bywyd gwyllt yn ogystal â gwartheg.

Bu prynhawn agored yma yn Llysun, wedi ei drefnu gan Cyswllt Ffermio, i edrych ar ffrwythlondeb y fuches efo Ian Pritchard o'r Scottish Agricultural College (SAC) yn trafod y camau angenrheidiol i wella perfformiad y fuwch sugno. Cawsom drafodaeth ddiddorol ar sawl pwnc gan gynnwys pwysigrwydd profi had y tarw cyn ei ddefnyddio bob tymor a hefyd manteision lloio heffrod yn ddyflwydd oed. Diolch i'r 42 am fynychu a gobeithio i'r prynhawn fod yn fanteisiol.

Cefais noson ddiddorol yn eistedd ar banel 'Hawl i Holi' yn Llanfihangel wedi ei drefnu gan Ddolen Ffermio, a chafodd amrywiaeth o destunau eu trafod a'u dadlau. Roedd cefnogaeth dda iawn i'r noson a rhaid canmol Dolen Ffermio am drefnu'r noson. Diolch hefyd am eu holl gymorth yng nghymunedau gwledig Uganda. Rwy'n eich annog i edrych ar eu gwefan dolenffermio.org.uk a chefnogi eu gwaith da.

Efo dyfal donc, ar y trydydd cynnig rydym wedi cael newyddion da am ein cais ar gyfer y Sustainable Production Grant sy'n cynnig cymorth o 40% i fuddsoddi yn eich busnes i wella ei effeithiolrwydd. Mae llawer o elfennau bach gwahanol i'r cais a gyflwynais gan gynnwys gwella cyfleusterau storio slyri a thail, technoleg GPS i'r tractor a system storio dŵr glaw wrth roi to ar y pit silwair. Mae cynllun Grantiau Bach Glastir wedi dechrau efo uchafswm o £7,500 ar gael i bob busnes ffermio yn ystod pob cyfnod. Nid yw'r cynllun yn gymwys i barseli tir/ffermydd sy'n rhan o gynllun Glastir Uwch. Mae'r cyfnod cyntaf yn canolbwyntio ar 'Ddŵr' efo pwyslais ar weithgareddau i wahanu dŵr glân a budr, plannu gwrychoedd a phlannu coed. Bydd cyfnod arall yn agor ym mis Ebrill efo blaenoriaethau gwahanol.

Mae ymgynghoriad ar raglen newydd ar gyfer dileu TB yng Nghymru ar agor hyd y 10fed o fis Ionawr, ac mae'n hanfodol bwysig fod pob ffarmwr sydd â gwartheg yn ymateb gan ei fod yn bygwth dyfodol ein busnesau buchod sugno. Mae'r ardal hon wedi cael ei phenodi'n ardal risg uchel ac yn y rhaglen newydd mae gofyn i ni brofi'r fuches bob chwe mis am TB a chael tri phrawf clir cyn gwerthu ar ôl profi'n bositif. Bydd rhaid i bob anifail sy'n cael ei werthu gael prawf cyn ei symud ac ar ôl ei symud sy'n gost ychwanegol ac yn boen i'r prynwr. Ni fydd y rheolau hyn yn cael eu gosod ar ardaloedd eraill ac felly mae'n sicr y byddai'n well gan brynwyr ein gwartheg stôr brynu o ardaloedd eraill. Rwy'n galw arnoch felly i edrych ar yr argymhellion newydd ac ymateb yn gryf i'r ymgynghoriad.

Mae'r hysbysebion ar gyfer dewis aelodau newydd i fwrdd Hybu Cig Cymru wedi ymddangos yn y papurau ac ar-lein a'r dyddiad cau yw'r 11eg o Ionawr. Penodir 11 o aelodau a chadeirydd newydd dros y misoedd nesaf – rhai'n gynrychiolwyr o'r diwydiant a rhai'n aelodau annibynnol er mwyn sicrhau craffu trylwyr ar weithgareddau HCC.

Edrychaf ymlaen at 2017 yn llawn brwdfrydedd (fel arfer!) efo'r ysgoloriaeth Nuffield yn sicr o ddylanwadu'n fawr ar fy mlwyddyn. 'Soil Health and Fertility in Grasslands – a key component in Improving Beef and Sheep Productivity and Sustainability in the Uplands' yw teitl yr ysgoloriaeth a bydd fy mlwyddyn yn dechrau ym Mrasil ym mis Mawrth, ond mae llawer i'w wneud adref cyn hynny!

Pob lwc efo'r addunedau blwyddyn newydd, a mwynhewch 2017. Hwyl am y tro!

Chwefror 2017

"Ionawr cynnes, Mai oer" neu "Haul yn Ionawr wna Fawrth dialgar" yn ôl yr hen ddywediadau, ond er mai pwysig yw cydnabod patrymau hanes rhaid diolch i'r drefn am 'global warming' i chwalu'r hen ofergoelion a gobeithio y cawn ddigonedd o haul dros gyfnod yr wyna!

Dechreuodd y mis gyda Chynhadledd Ffermio Rhydychen dan nawdd McDonald's a chefais wahoddiad i'w mynychu drwy Ysgoloriaeth Nuffield. Mae'r ddinas yn llawn hanes ac adeiladau hardd, ac wrth aros yn Christ Church a bwyta yn y neuadd lle ffilmiwyd 'Harry Potter' cefais flas ar yr awyrgylch a sut deimlad fyddai astudio yn Rhydychen. 'Thrive or Survive' oedd thema'r gynhadledd dau ddiwrnod a dyfodol y diwydiant a'i gyfeiriad a gafodd y prif sylw.

Yn ystod y bore cyntaf cawsom glywed gan wleidyddion fel Andrea Leadsom, Lesley Griffiths a'u tebyg, ond llawer o siarad a geiriau heb ystyr ac ansicrwydd oedd ar y cyfan. George Monbiot a gafodd y gwrandawiad mwyaf manwl efo'i argoelion eithafol wedi tawelu ychydig (cynulleidfa o ffermwyr), a rhaid cyfaddef nad ffôl yw ei holl feddylfryd ac yntau'n galw am brisiau teg i'r ffermwyr am gynhyrchu bwyd, uchafswm ar gymorthdaliadau a chamau angenrheidiol i atal diboblogi yng nghefn gwlad. Dyfodol yn cynnig gwasanaethau amgylcheddol oedd ei ragolygon ef.

Bu sawl cyflwyniad efo ffocws cryf ar allforio, a'r pwysigrwydd o fedru masnachu efo Ewrop a gweddill y byd heb dreth neu dariff. Heb gytundeb i fasnachu mewn dwy flynedd bydd tariff o 51% yn cael ei osod ar bris cig oen (WTO) wrth gael ei allforio, ac anodd iawn fydd cystadlu ac allforio cig oen mewn sefyllfa felly. Clywsom hefyd fod 40 potel o wisgi yn cael ei hallforio bob eiliad, a bod 70 miliwn o gwpanau o goffi yn cael eu hyfed bob dydd yn y DU.

Diddorol oedd cyflwyniad gan Mash Direct sef ffarm datws a llysiau deuluol o Ogledd Iwerddon sydd wedi dechrau gwerthu eu cynnyrch fel prydau parod. Fel y mae'r enw'n honni, tatws mash oedd y cynnyrch a ddatblygwyd gyntaf, yn gwerthu i siopau lleol, ac erbyn hyn mae'r cwmni yn gwerthu amrywiaeth o brydau parod ac yn allforio i Dubai a'r UAE.

Y dywediad gorau a glywais yno oedd, "When the winds of change blow, some people build walls and others build windmills". Y ffeithiau mwyaf trawiadol a gafwyd oedd y rhai am effaith a photensial technoleg yn y dyfodol. Clywsom am yr amser a gymerodd y canlynol i gyrraedd cynulleidfa o 50 miliwn:

- Radio: 38 mlynedd
- Teledu: 13 mlynedd
- Y rhyngrwyd: 4 mlynedd
- iPhone: 3 blynedd
- Angry Birds (gêm gyfrifiaduron): 35 diwrnod!

’Nôl adref mae’r defaid i gyd wedi cael eu sganio a’r canlyniadau yn ddigon boddhaol, er bod ychydig mwy o ddefaid gwag na’r llynedd. Roedd 2.5% yn wag, 20% yn cario un, 65% yn cario efeilliaid a 11.5% yn cario triplets gan roi cyfanswm o 186%. Yn anffodus mae Schmallenberg wedi ailgodi ei ben eleni efo Catherine, fy chwaer, o Prostock Vets yng Nghaerfyrddin, wedi gweld ambell i oen efo’r symptomau yn eu defaid cynnar. Roedd David Evans wrth sganio yma yn amau pa mor iach oedd rhai o’r ŵyn ac felly byddwn ychydig yn bryderus wrth ddechrau’r wyna. Firws yw Schmallenberg sy’n cael ei gario gan wybed bach, a’i drosglwyddo i’r anifail wrth iddynt gael eu cnoi. Canlyniad y symptomau yw ŵyn neu loi yn cael eu geni yn ‘*deformed*’ efo’u cymalau wedi cloi ac felly’n anodd iawn eu geni.

Syndod arall oedd clywed bod tua ugain o ddefaid wedi dwyn hwrdd yn gynnar, efo dwy ddafad wedi wyna’n barod a’r gweddill ar fin wyna! Dwi’n rhoi bai ar y staff! Mae tua 500 o ddefaid wedi dod i lawr o’r mynydd ac i mewn i’r sied ac maent nawr ar silwair byrnau mawr. Nid yw’r silwair yn y pit o safon digon da i’r defaid eleni – yn isel mewn egni efo ME o 10 – oherwydd y diffyg haul ym mis Mehefin wrth ei gynaeafu yn fwy na thebyg.

Mae’r holl wartheg, teirw a heffrod magu eleni wedi cael eu brechiadau, a bydd angen ail frechiad ar yr heffrod mewn chwe wythnos. BVD, Lepto ac IBR gawson nhw a byddwn yn rhoi brechiad i atal sgwrio mewn tua mis, i geisio osgoi’r broblem a gafwyd y llynedd. Yn ôl y milfeddyg yn y teulu mae brechiad newydd ar gael sy’n honni ei fod yn well na’r gweddill, felly rhown gynnig arno. Ar ôl dyfnu mae’r lloi yn tyfu’n dda efo tua 60 yn cael eu paratoi ar gyfer sêl ddiwedd mis Chwefror.

Un o’r pryderon mawr presennol yw’r cynnydd mewn ymwrthedd gwrthfiotig (antibiotic resistance) ac mae dyletswydd yn cael ei roi arnom fel ffermwyr i esbonio faint o ddefnydd sydd ar wartheg ac ar ddefaid. Mae’r pwyslais yn llawer cryfach ar y diwydiant ieir a moch gan fod gwrthfiotigau yn rhan bwysig o’u systemau cynhyrchu. Ychydig iawn sy’n cael eu defnyddio ar y gwartheg a’r defaid ond mae’r proseswyr yn awyddus iawn i gael mwy o wybodaeth am y lefel o ddefnydd er mwyn medru amddiffyn eu hunain, a'r diwydiant efo gwybodaeth ffeithiol.

Mae President Trump wedi dechrau ar ei swydd newydd a Theresa May wedi bod draw i'w longyfarch yn barod. Gobeithio nad oedd gormod o drafodaeth ynglŷn â masnach oherwydd efo'r Arlywydd yn datgan "America first" peryg iawn fyddai trafod o safle o wendid.

Cawsom ddiwrnod diddorol ar drip blynyddol y Gymdeithas Tir Glas gan ymweld â James Raw yng Nghwmystwyth a'i system hydro i gynhyrchu trydan, yn ogystal â Richard Tudor, Glanystwyth a Hugh Tudor Tynberllan, Llanilar. Mae'r ddau frawd yn cneifio'r defaid i gyd cyn wyna ac yn bwydo'r defaid â'r pit silwair hunan-fwydo ble mae'r defaid yn helpu eu hunain i'r silwair – roeddent yn edrych yn iach iawn ar y system. Roeddent yn disgwyl yr ŵyn cyntaf ymhen tua phythefnos.

Ar nos Sadwrn yr 28ain, bu cinio blynyddol y Tir Glas ym Mhennal efo Meic ac Awi Neuaddwen yn cipio'r gwobrau am y Silwair gorau – da iawn chi.

Heffrod naw mis i fagu eleni

Mae technoleg newydd ddiddorol ar gael gan KiwiKit ar y funud, sef Flashmate sy'n fflachio pan fo'r fuwch yn gofyn tarw. Dyma ffordd dda iawn i ddefnyddio AI a gwella effeithiolrwydd a pherfformiad y fuches. Mae'r canlyniadau yn addawol iawn ac rwyf am ei dreialu eleni ar ychydig o'r fuches. Chwiliwch amdano ar YouTube:

- 'Flashmate Heat Detector'

Mwynhewch y mis bach a hwyl am y tro!

Meic Morgan yn derbyn ei wobrau am y silwair gorau

Mawrth 2017

Mae'r mis bach wedi dod i ben a'r diwrnodau'n ymestyn – felly hefyd oriau gwaith wrth i brysurdeb y cyfnod cyn yr wyna gynyddu, efo mwy o gegau i'w bwydo a'r gwellta'n teimlo'n ddiddiwedd! Mi fydd yn dda gweld yr wyna'n cychwyn.

Daeth y mis yma â'r newyddion y mae pob ffarmwr sydd â gwartheg yn ei ofni fwyaf, sef cael buwch yn profi'n bositif i TB. Teimlad annifyr iawn yw cael eich ffarm wedi'i heintio efo'r clwy. Efo'r gwartheg i gyd wedi cael prawf clir ym mis Medi anodd iawn yw derbyn bod yr un fuwch wedi dal TB, yn enwedig pan fo milfeddygon y Cynulliad yn cyfaddef mai dim ond 98% cywir yw'r prawf. Rheolau yw rheolau a bydd rhaid i'r fuwch gael ei saethu ar y ffarm gan ei bod o fewn mis i loio, ac nid hawdd fydd gweld anifeiliaid sydd bob amser yn cael y gofal gorau yma yn cael eu difa.

Y canlyniad yw gorfod cael prawf arall ar y fuches gyfan o fewn 90 diwrnod ac nid ydym yn cael gwerthu'r 63 o wartheg stôr a oedd i fod i fynd i sêl Trallwng ar yr 28ain – bydd yn rhaid ceisio eu pesgi. Golyga hyn gostau ychwanegol sylweddol a dim llif arian ar yr adeg brysur yma o'r flwyddyn. Un o'r problemau eraill yw'r diffyg lle yn y siediau ar gyfer yr wyna a'r lloio, a gorfod gwthio mwy i bob cornel. Mae angen i'r Cynulliad roi'r gorau i'r holl chwarae gan ymateb o ddifri a chydnabod rôl a dylanwad bywyd gwyllt. Mae'n rhaid rheoli TB er mwyn arbed y gwastraff o orfod lladd miloedd o wartheg bob blwyddyn.

Cefais fy ngwahodd i siarad â chynhadledd flynyddol Cyswllt Ffermio yn Llanelwedd. Roedd y gynhadledd yn ffocysu ar ffactorau sydd o fewn ein rheolaeth, a chefais gyfle i siarad am fanteision a phwysigrwydd canolbwyntio ar ffrwythlondeb y fuches sugno. Braf oedd cael rhannu llwyfan efo Sion (Wern) a deithiodd i lawr o'r Alban i gyflwyno ar y ffactorau oedd yn dylanwadu ar berfformiad stoc ar Stad Bowhill, sef un o'r stadoedd preifat mwyaf yn Ewrop. Iach oedd clywed ei onestrwydd wrth drafod y busnes ac wrth iddo danlinellu'r effaith y mae'r tywydd yn ei gael ar broffidioldeb ei ddiadell.

Ar yr 16eg, yn dilyn canlyniad y prawf TB, cefais noson ddifyr i godi fy nghalon yn cyflwyno i fyfyrwyr ym mhrifysgol Harper Adams. Braf oedd gweld wynebau cyfarwydd Lynfa ac Ifan yn y gynulleidfa. Mwynheais siarad â'r myfyrwyr a chael rhannu fy meddylfryd am y fuches sugno yn ogystal ag ymateb i'w cwestiynau.

Ganol y mis roedd cynrychiolwyr amaeth o Seland Newydd draw yn y wlad yn trafod dyfodol cig oen, wedi Brexit. Mae hwythau'n bryderus am y sefyllfa ac yn awyddus iawn i gael cytundebau masnachu er mwyn sicrhau marchnad i'w cynnyrch amaethyddol. Cefais y cyfle i gwrdd â'r grŵp a'r ffarmwr yn eu plith, Andrew Morrison, o Beef and Lamb NZ, yma yn Llysun i drafod a chymharu'r sialensau sy'n wynebu ein diwydiannau. Y fantais fawr sydd gennym yma yw'r farchnad o 60 miliwn o bobl ar ein stepen drws. Mae Seland Newydd yn allforio mwyafrif eu cig oen ac roeddent yn genfigennus iawn o'r cyfleoedd oedd yma.

Ŵyn menyw ar y ffordd i'r mynydd

Mae'r holl ddefaid wedi cael Flukliver a brechiad 10-1, ac yn dilyn cyngor cymydog mae'r defaid i gyd wedi cael eu tocio i geisio arbed gwaith mis Mai. Rydym wedi penderfynu dychwelyd i 'nut' eleni (o 'blend') a diddorol fydd gweld a fydd gwahaniaeth i'w weld ym mherfformiad y defaid. Hwylustod oedd y prif reswm am y newid, gan fy mod i'n diflannu i Frasil am bythefnos, a dyna hefyd oedd y rheswm am hyrddu llai o ŵyn menyw eleni. Rhoddwyd 140 at yr hyrddod am dair wythnos a chafwyd 40 gwag, 77 sengl a 27 o efeilliaid, sy'n debyg iawn i'r arfer o ran %.

Gwerthwyd yr olaf o ŵyn 2016 efo tua ugain yn mynd i RPF. Aeth ychydig hefyd i'r Trallwng, yn ogystal â'r defaid gwag a dau oen bach swci o'r defaid a fu'n wyna'n gynnar. O gymharu â pherfformiad ŵyn 2016 a'r blynyddoedd blaenorol roedd yr ŵyn i lawr bron 1kg sy'n adlewyrchu'r tymor pesgi heriol a gafwyd y llynedd. Y bwriad eleni yw defnyddio mwy o ffensys electrig i rannu'r caeau a cheisio gwneud gwell defnydd o'r borfa trwy'r flwyddyn wrth symud y stoc yn amlach i laswellt ffres.

Cafodd Thomos a finnau hyfforddiant cymorth cyntaf drwy Cyswllt Ffermio a threulio diwrnod yn COBRA yn dysgu'r sgiliau angenrheidiol os byddai damwain neu argyfwng, a hefyd cawsom arddangosiad 'defibrillator' sy'n cael ei ddefnyddio mewn achosion o drawiad ar y galon. Roedd hyn yn agor ein llygaid i bwysigrwydd cael peiriant ym mhob ardal/ pentref. Bu Thomos a Sion ar ddiwrnod o hyfforddiant tynnu trelar yn yr Amwythig, ac yna cawson nhw brawf gyrru cerbyd a threlar drwy strydoedd a chylchfannau yr Amwythig. Mae'n angenrheidiol i gael yr hyfforddiant a'r drwydded ac er eu bod wedi bod yn defnyddio trelars ers talwm, roedd y ddau ohonynt yn teimlo bod y cwrs wedi bod yn fanteisiol.

Llongyfarchiadau i Guto ar raglen wych o *Cefn Gwlad* efo Dai Jones, a da yw gweld ei frwdfrydedd at waith caled yn cael ei gydnabod. Mae safon ei stoc yn werth i'w weld. Mae galw cryf am ei fuchod a lloi ac mae'n hawlio prisiau haeddiannol o uchel bob amser yn y farchnad.

Gobeithio y cewch oll dymor wyna gwych, tywydd ffafriol a digon o laswellt! Pob lwc a hwyl am y tro!

Ebrill 2017

'Prysur' yw'r gair gorau i ddisgrifio mis Mawrth! Mae ychydig bach o bopeth yn mynd ymlaen sy'n cadw bywyd yn ddiddorol wrth i un cyfnod ddod i ben a chyfnod newydd ddechrau.

Dechreuodd y mis efo cyfarfod yn Malvern efo BGS (British Geological Survey) ar y thema 'Trace Elements' gan drafod yn bennaf dylanwad y pridd ar borfa. Y cyflwyniad mwyaf trawiadol i mi oedd un am ddiffyg calsiwm yn y deiet, a sut oedd hyn yn effeithio datblygiad esgyrn merched 11–19 oed gan arwain at osteoporosis wrth iddynt gyrraedd canol oed. Felly, ferched ifanc, yfwch ddigon o laeth!

Yna, cefais fy nghyfarfod olaf ar fwrdd Hybu Cig Cymru gan fod fy nghyfnod wedi dod i ben. Mae aelodau newydd wedi cael eu penodi erbyn hyn a bydd y bwrdd newydd yn cwrdd am y tro cyntaf ddechrau Mai. Hoffwn ddymuno pob llwyddiant iddynt mewn cyfnod digon anodd i gig oen a chig eidion Cymreig yn sgil Brexit. Hoffwn ddiolch hefyd i'r staff yn HCC am eu gwaith caled a'u cydweithrediad sydd ddim bob amser yn cael ei weld na'i gydnabod.

Ac yna ymlaen i gyfnod newydd gyda chynhadledd Nuffield ym Mrasil. Wrth i'r eira ddisgyn ar y bore Sul, anodd iawn oedd peidio ag edrych yn siomedig wrth adael am Frasil! Ond cyn hedfan am y gynhadledd cawsom dri diwrnod o gyfarfodydd yn Llundain a bu i ni gyfarfod â Baroness Byford yn Nhŷ'r Arglwyddi. Cawsom gyfle hefyd i ddod i adnabod ein gilydd (19 ohonom, gan gynnwys Iwan Vaughan, Maes Mochnant) yn llawer gwell. Yna, ar y nos Fawrth, ymunodd chwe sgolar o Iwerddon a saith sgolar o'r Iseldiroedd â ni cyn gadael am Frasil ar y dydd Mercher.

Criw Nuffield 2017

Mae Brasília, sef prif ddinas Brasil, yn ddinas fodern iawn. Cafodd y ddinas ei chynllunio yn y 50au hwyr gan y pensaer Oscar Niemeyer. Mae'r adeiladau yn drawiadol ac wedi eu gwneud o goncrit i gyd. Erbyn hyn mae'r ddinas yn 'UNESCO World Heritage Centre'. Roedd stadiwm pêl-droed newydd wedi cael ei hadeiladu ar gyfer Cwpan y Byd a'r gemau Olympaidd, ond yn anffodus gan fod tîm Brasília yn chwarae yn y bedwaredd gynghrair nid yw'r stadiwm yn cael ei defnyddio bellach!

Pwrpas y gynhadledd oedd cwrdd â'r holl sgolars eraill o Seland Newydd (6), Canada (3), De Affrig (1), Ffrainc (3) ac Awstralia (23), a thanlinellu'r disgwyliadau sydd gan Ysgoloriaeth Nuffield ohonom, a hefyd ein paratoi ar gyfer y flwyddyn nesaf o astudio a thrafeilio.

Yn anffodus, nid gwyliau oedd Brasil gan fod rhaglen brysur wedi ei threfnu ar ein cyfer bob dydd efo cyfarfodydd a darlithoedd o 8 y bore hyd at 6 y nos. Bu amrywiaeth eang o bynciau yn cael eu trafod; ein datblygiad a'n sgiliau personol, arweinyddiaeth, dilyniant, marchnata, arloesedd, technoleg, economi Brasil a'i hanes i enwi dim ond ychydig. Cawsom ddau ddiwrnod yn ymweld â ffermydd, canolfannau ymchwil a busnesau cydweithredol ac wrth drafeilio drwy'r wlad mae maint Brasil yn eich syfrdanu, efo ffermydd 500,000ha yn tyfu Soia ac India-corn – dau gnwd bob blwyddyn oherwydd eu tywydd a'u hinsawdd delfrydol.

Cawsom ragolwg diddorol iawn ar Leitissimo, sef busnes godro a marchnata llaeth Simon Wallace (Kiwi sydd wedi symud yno i ffermio). Roedd Simon yn godro 550 o wartheg ar 65 hectar, ac yn medru tyfu 65t/DM/ha o laswellt o'i chymharu â 15t yma yng Nghymru. Roedd yr hinsawdd yn ddelfrydol i amaethyddiaeth.

Un o'r uchafbwyntiau oedd cael ein gwahodd i'r Australian Embassy am noson o rwydweithio efo llawer o fusnesau amaethyddol rhyngwladol oedd â diddordeb mawr yn yr ysgoloriaeth. Yno, trwy gyd-ddigwyddiad llwyr fe gwrddais ag Ian Hill, sef Sais sy'n ffermio ym Mrasil, a gwrddais 'nôl yn 2003. Braf iawn oedd cael adnewyddu ein cyfeillgarwch.

Mae'n rhaid cyfaddef bod potensial Brasil i gynyddu ac ehangu eu diwydiant amaeth yn anhygoel ond wrth gwrs mae problemau mawr yn y wlad o hyd efo 'corruption' ar bob lefel a'r digoedwigo yn yr Amazon yn dal i fynd ymlaen. Cawsom groeso anhygoel a bydd cyfeillgarwch y bobl yn aros yn hir yn y cof. Efo fy mhen yn llawn meddyliau, roedd cyrraedd adref i'r glaw trwm a'r wyna yn eithaf sioc i'r system, ond dyna yw gwirionedd y sefyllfa. Erbyn hyn mae tua 65% o'r defaid wedi wyna ond yn anffodus rydym wedi cael problem 'joint ill' efo llawer o ŵyn yn gorfod cael triniaeth i geisio gwella.

Hoffwn ddiolch i bawb a fu yma yn gofalu am y gwaith yn ystod fy nghyfnod ym Mrasil, ac un peth sy'n sicr, mae hi'n llawer haws mynd pan fo staff da gartref.

Hwyl am y tro!

Mai 2017

Am fis Ebrill bendigedig efo tywydd braf a sych, y borfa yn tyfu a'r gwrychoedd wedi egino'n wyrdd a deffro ar ôl y gaeaf. "Gwyn ein byd os Ebrill mwyn a wisg y llawr â gwisg y llwyn" yw'r hen ddywediad yn fy nyddiadur amaeth – amser a ddengys.

Mae'r wyna wedi dod i ben am flwyddyn arall a'r ŵyn yn tyfu bob dydd yn yr haul. Rydym wedi dechrau gweithio ar yr ŵyn hynaf (torri cynffonnau, torri ar yr ŵyn gwryw a rhoi brechiad Bravoxin) ac eleni wedi mentro peidio â defnyddio Scabivax (i atal orf) ond yn hytrach defnyddio triniaeth homeopathig gan Brian Williams o Aberhonddu. Rwyf wedi trafod orf efo llawer o ffermwyr eraill sydd wedi treialu'r driniaeth newydd ac maent oll yn canmol y canlyniadau, felly unwaith eto, amser a ddengys. Mae'r defaid a'r ŵyn wedi dechrau mentro i'r mynydd efo'r gwanwyn ffafriol yn ein galluogi i gadw'r caeau silwair yn gynt na'r arfer.

Un o'r sialensau ar y mynydd yw cael y stoc i bori holl ardaloedd pob cae yn wastad. Mae'r defaid yn wych am bori'r tir gwastad i'r pridd, ond yn gadael y llechweddi heb eu pori ac felly rydym wedi codi ffens electrig ar Sgwylfa i rannu'r mynydd yn ddau ac i geisio gorfodi'r defaid a'r gwartheg i bori'r cyfan. Mae'r ffens electrig yn rhedeg oddi ar banel solar sy'n sicrhau bod trydan parhaol yn y ffens a bod cic neu sioc yn disgwyl y stoc chwilgar!

Rwy'n falch o adrodd bod y gwartheg ifanc wedi cael cartref newydd ar ôl i Colin Davies o'r Amwythig brynu 55 o'r lloi 11 mis oed. Mae ganddo drwydded i brynu gwartheg o ffermydd sydd â TB, ac mae am eu pesgi o fewn tri mis 'medda fo'!

Mae'r siediau gwag yn fuan wedi cael eu llenwi efo gwartheg ar fin lloio, ac erbyn hyn mae tua 80 wedi lloio ers dechrau mis Ebrill. Fe ddechreuodd yr heffrod yn brydlon iawn efo tarw potel Aberdeen Angus,

Nansi yn taro golwg dros y defaid a'r ŵyn bach

Oakchurch Duster, yn profi ei werth ar ôl i'r lloi gyrraedd naw mis yn union o'r diwrnod cael tarw – a'r lloi yn cael eu geni yn ddidrafferth, yn siarp ac yn sugno mewn dim. Braf yw medru troi'r lloi yn syth allan ar ôl eu geni.

Bob blwyddyn mae tua 2-3 o wartheg yn cael efeilliaid ond eleni mae pedwar pâr o efeilliaid wedi cael eu geni efo un arall ar fin lloio. Mae cael ychydig o loi sbâr bob amser yn fantais oherwydd er gwaethaf yr ymdrech, anodd iawn yw cadw pob llo yn fyw. Felly oedd y sefyllfa bythefnos yn ôl wedi i lo efo Schmallenberg gael ei eni – â'i goesau fel cylymau anodd iawn oedd tynnu'r llo ac ar ôl ychydig o ymdrech tynnwyd y llo allan yn farw. Mantais fawr buwch dros ddafad yw ei bodlonrwydd i dderbyn llo arall – blingo'r croen o'r llo marw a'i osod ar y llo newydd ac mae'r fuwch yn hapus (fel arfer!).

Mae sioe deithiol Cyswllt Ffermio 'Ffermio ar gyfer y Dyfodol' wedi dechrau a bydd 14 o nosweithiau yn cael eu cynnal ar draws Cymru yn ystod y mis nesaf. Mae mynychu un o'r digwyddiadau yn ofynnol i unrhyw unigolyn sy'n bwriadau gwneud cais am y Grant Busnes i Ffermydd. Mae grant o 40% i'w gael o £3,000 hyd at £12,000 i ffermwyr allu buddsoddi mewn eitemau sy'n gysylltiedig ag iechyd anifeiliaid, geneteg a pherfformiad, rheolaeth cnydau, TGCh ac effeithlonrwydd egni. Manteisiwch ar y cyfle gwych yma.

Llo efo Schmallenberg

Rwyf wedi paratoi cyflwyniad ar gyfer Cyswllt Ffermio yn tanlinellu pwysigrwydd defnyddio'r ymgynghorwyr sydd ar gael. Rwy'n canolbwyntio ar y manteision o ddefnyddio'r arbenigwyr i brofi eich tir/pridd, a'r cyngor sydd ar gael ynghlwm â'r gwasanaeth yma. Ni fedraf bwysleisio gwerth calch ddigon ac efo 64% o gaeau'r wlad â pH llai na 6, pwysig yw gwybod beth yw lefel pH eich tir chi. Mae gostyngiad mewn pH o 6.0 (delfrydol) i 5.5 yn golygu bod 10% llai o borfa yn cael ei thyfu ac effeithiolrwydd gwrtaith yn lleihau i 50–60% sy'n golygu eich bod yn gwastraffu dros hanner eich gwrtaith! Dylai'r porfeydd gorau gynhyrchu 10t/DM/ha ac felly mae gostyngiad o 10% yn ymateb i 1t/DM/ha o laswellt, neu 4t/ha o silwair, sydd â gwerth o tua £100 – a hynny ar bob hectar. Am fwy o fanylion, ewch i wefan Cyswllt Ffermio.

Hwyl am y tro!

Mehefin 2017

Dyma ni wedi cyrraedd Gŵyl Banc y Sulgwyn ar ôl mis sych, braf a phrysur dros ben. "Glaw Sulgwyn, ffrwythlon drwy'r flwyddyn" yw'r dywediad yn fy nyddiadur sy'n argoeli'n dda i'r misoedd i ddod. Mae mis Mai yn un o fy hoff fisoedd efo'r borfa'n digoni a'r stoc yn symud i'r mynydd am yr haf. Mae hyfrydwch a heddwch cefn gwlad yn teimlo fel byd bach arall, ymhell o derfysg Manceinion, y 'cyber attack' ar gyfrifiaduron y gwasanaeth iechyd a'r bobl sy'n benderfynol o ddylanwadu'n negyddol ar ein byd a'n bywydau. Hir oes i heddwch cefn gwlad.

Fe ddechreuodd mis Mai efo archwiliadau gan yr awdurdodau; un i gadarnhau bod yr holl waith a hawliais ar gynllun Glastir wedi ei gwblhau (tic!), a'r ail i gyfri'r defaid a mynd trwy'r holl waith papur statudol ar gyfer cadw defaid (tic!). Nid hawdd yw cyfri'r defaid a'r ŵyn yr adeg yma o'r flwyddyn gan eu bod wedi codi i'r mynydd, ond efo ychydig o ddealltwriaeth a synnwyr cyffredin gan yr archwilydd aeth popeth yn iawn.

Mae 17 o'r ŵyn a anwyd yn gynnar (yn ddamweiniol!) wedi eu gwerthu efo'r prisiau cynnar yn ffafriol iawn. Bechod nad yw'r ŵyn i gyd yn barod i'w gwerthu!

Cafodd y fuches a phob llo bach eu profi ar gyfer TB unwaith eto ar ôl i un fuwch destio'n bositif ym mis Chwefror. Prawf clir a gafwyd y tro hwn sy'n rhyddhad mawr, ond mae'n rhaid cael dau brawf clir er mwyn gallu gwerthu a marchnata'n arferol felly bydd rhaid mynd trwy'r holl broses eto ddiwedd Awst. Mae'r cyfan yn rhoi straen ar y gwartheg, y lloi a'r staff, heb sôn am yr ymrwymiad amser sydd ei angen i destio'r gwartheg.

Efo tua dwsin o wartheg ar ôl i loio a'r prawf TB wedi ei gwblhau mae modd dechrau symud y gwartheg a lloi i'r mynydd. Mae'r lloio wedi bod yn ddiffwdan iawn eleni efo'r lloi ychydig yn llai na'r arfer, yn bennaf oherwydd bod ansawdd y silwair yn salach. Hyd yn hyn mae chwe phâr o efeilliaid wedi dod, ac rydym wedi colli dau lo – un oherwydd Schmallenberg ac un yn dilyn genedigaeth anodd.

Mae'r ŵyn yn tyfu'n dda ac yn lân iawn, ac mi fyddant yn cael eu dos llyngyr cyntaf adeg y cneifio. Roedd yn rhaid rhoi dos atal cocsidiosis i loi'r heffrod gan fod ambell un yn sgwrio'n ddu. Ar ôl eu profi daeth y canlyniad yn ôl yn bositif i'r clefyd, sy'n anarferol yma, ond mae'r lloi wedi sychu'n syth ar ôl derbyn y dos.

Mae'r caeau silwair tua wythnos dda o flaen 2016 ac eleni cafodd llawer o'r caeau 'digestate' gan Edward Sychtyn. Mae dadansoddiad y slyri digestate yn bwerus iawn (62:28:56 mewn 1,000 galwyn) ac mae ychydig yn mynd yn bell! Efo'r glaw ddiwedd y mis gobeithio y bydd llanw da o silwair i'w gael.

Ffensio

Catherine, Richard a Huw ar y go-cart heb frêcs!

Irwyn, Des a Tom, efo Richard a Huw yn blant ifanc â chwpan am ennill y silwair gorau

Richard, Huw a theulu Southport. T-shirts coch a Rich bob amser yn tynnu coes y byddai'r tarw yn dod ar eu holau!

Cath a Rich yn arwain yr hen Jim, a Huw, Ben a Mark ar ei gefn. Bu i Jim wneud cannoedd o dripiau tebyg. Roedd yn byw yn y berllan yn Llysun ac yn ffrind i bawb

Elinor Raw (cyfnither), Lynn Evans, Huw, Catherine, Richard a James Raw (cefnder) ym mhriodas Marian Dolgelynen ym mis Mehefin 1985

Nain Tudor, Catherine, Richard a Huw. Richard â'i wên ddireidus

Tarian i'r côr buddugol ac i'r ysgol efo'r marciau uchaf yn yr Eisteddfod Sir (Urdd) yn 1985. Richard â gwên fawr yn y rhes gefn!

Richard yn mwynhau actio yn yr ysgol gynradd

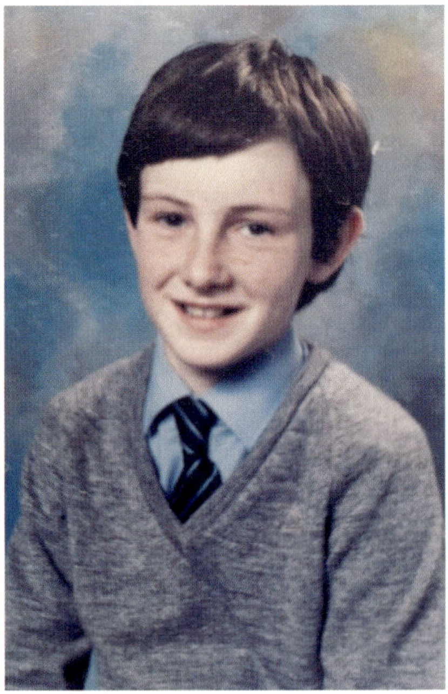

Ysgol Uwchradd Caereinion, 1985

Y Teulu Tudor!

Teulu Raw a theulu Tudor yn cwrdd bob blwyddyn ar ŵyl San Steffan.
Rich mewn crys Cymru

Rich yn ennill gwobr Chwaraewr Ifanc Gorau tîm pêl-droed Dyffryn Banw

Teulu Tudor a theulu Southport (Keeley) ac Yncl My yng nghegin Llysun

Roedd Rich bob amser yn mwynhau gwisgo i fyny – wrth actio neu mewn parti gwisg ffansi!

Rich a'i ffrindiau yn Oregon ar ei flwyddyn allan yn 1993

Clwb Pêl-droed Dyffryn Banw yn y nawdegau.
Rich ail o'r pen yn y rhes ôl, a Huw o'i flaen

Morgan a Lois yn mwynhau direidi Rich

Rich, Morgan a Lois yng nghegin Llysun

Richard a Morgan yn dangos defaid Mules Cymreig yn Sioe Frenhinol Cymru 2008

Lois, Catrin, Morgan a Rich ar y fferm yn 2009

Teulu Southport yn Llysun yn 2013

Aberystwyth 2014

Teulu Tudor tu allan i Gapel Biwla, Cwm Nant yr Eira

Ymweliad ag Eglwys Gadeiriol Tyddewi

Diwrnod Agored Tir Glas Cymru gyda Cyswllt Ffermio ym Mehefin, 2016

Teulu Tudor yn dathlu Ann yn cael ei phenodi'n Uchel Siryf yn Awst 2016. Cafwyd te mefus i'r ardal

Richard yn ardal Bilbao, Sbaen, ar drip Nuffield, haf 2017

Blaenau Ffestiniog, 2018

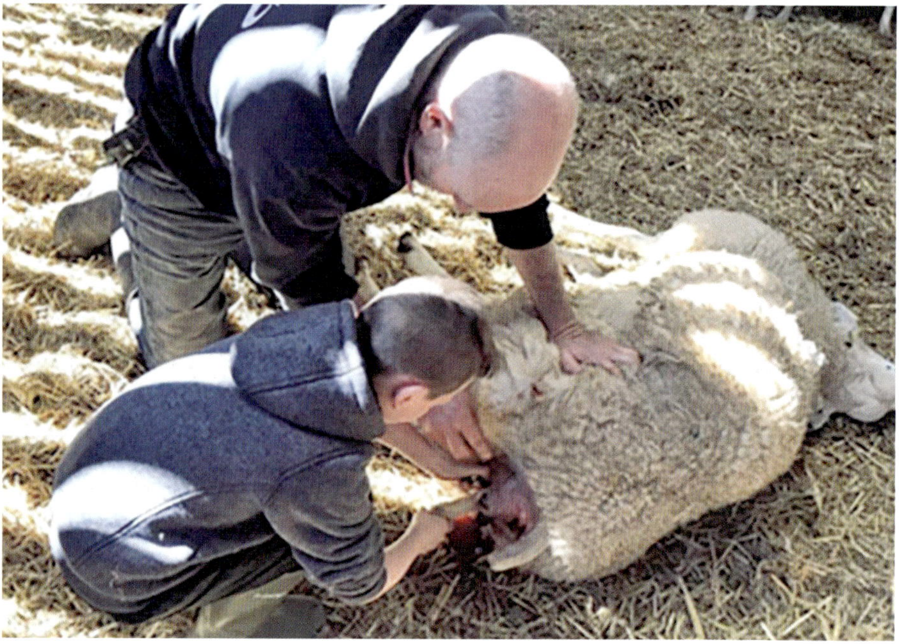

Rich yn ei ogoniant yn dysgu plant Ysgol Dyffryn Banw am fyd amaeth

Eisteddfod Talaith a Chadair Powys 2019 lle cafodd Richard ei anrhydeddu efo Kathleen, Jane, Carol a Betsan

Un o luniau Richard Stanton a dynnwyd i ddathlu llwyddiant Rich fel Ffermwr Biff y Flwyddyn

Morgan, Lois, Rich a Catrin efo'r heffrod godro!

Cyflwyno gwobr er cof am Richard yn Ffair Aeaf 2021

Yn ystod y mis mae llawer o grwpiau wedi ymweld â Llysun, ac yn ffodus mae'r tywydd wedi bihafio'n dda i alluogi taith i ben y mynydd ar y tractors a'r trelars. Y grŵp mwyaf oedd 86 o ffermwyr o Ogledd Iwerddon a wnaeth alw heibio ar eu ffordd i'r Beef Event yn Stoneleigh. Roeddent wedi ymgartrefu yn y Cann cyn cyrraedd a phleser oedd cael croesawu criw mor hapus a llawen i Ddyffryn Banw. Mae'r cyfle i gwrdd â phobl a chymeriadau newydd, a gwrando ar eu sylwadau, yn werthfawr dros ben.

Ar y 9fed o Fai cefais gyfle i fynychu diwrnod wedi ei drefnu gan Nuffield yn Overbury, Caerloyw, i drafod iechyd y pridd efo'r arbenigwraig, Dr Christine Jones o Awstralia. Diddorol iawn oedd y diwrnod ac mae'r pwnc yn fy nenu i mewn yn ddyfnach o hyd. Un o'r ffeithiau a oedd yn creu syndod oedd y dirywiad sylweddol yn lefelau mwynau ein llysiau, ein ffrwythau a'n cig ers 1940. Mae'n rhaid bwyta dwywaith gymaint o gig, tair gwaith mwy o ffrwythau a phum gwaith fwy o lysiau heddiw i gael yr un lefel o fwynau yn ein bwyd a oedd yn 1940!

Mae Morgan wedi dechrau ar fenter newydd ar ôl i 20 o wyddau bach gyrraedd ar ei ben-blwydd. Mae'r llinell ddysgu'n serth ond mae ganddo ddigon o frwdfrydedd. Ei fwriad ydy cael y cywion bach yn wyddau blasus erbyn y Nadolig!

Un o'r eitemau mwyaf trawiadol i mi wrando arno'r mis yma oedd cyfweliad Dei Tomos efo Alun Elidyr yn trafod ei frwydr efo iselder ac iechyd meddwl. Mae'n rhaid canmol Alun am ei onestrwydd wrth ailadrodd ei brofiadau a gobeithio bydd ei gyffesion yn rhoi cryfder i eraill sy'n dioddef, ac yn codi ymwybyddiaeth am yr afiechyd.

Llongyfarchiadau i Tom Plascoch am gyhoeddi ei lyfr diweddaraf *Rhwng Dau Glawdd* sy'n 'long overdue' yn dilyn ei lyfr *Dyddiadur Ffarmwr* ambell flwyddyn yn ôl. Rwy'n siŵr y bydd yn hedfan oddi ar y silffoedd ac edrychaf ymlaen at ei ddarllen. Pob lwc hefyd i Beryl Sychtyn sydd wrthi'n cerdded Clawdd Offa i godi arian ac ymwybyddiaeth am Sir Drefaldwyn fel sir nawdd y Sioe Fawr yn 2018. Da iawn chi a gobeithio y bydd pawb yn eich cefnogi'n hael i adlewyrchu eich ymdrech.

Mae hi'n Etholiad Cyffredinol ar Fehefin yr 8fed – cofiwch fwrw eich pleidlais a dymuniadau gorau i Aled.

Hwyl am y tro!

Gorffennaf 2017

Efo'r haul yn danbaid a'r gwair yn crasu'n braf, da yw cael dianc o'r gwres i gysgod y tŷ i hel meddyliau a rhoi geiriau ar bapur. Cawn gynhaeaf gwair eleni am y tro cyntaf ers sawl blwyddyn ac nid oes oglau tebyg! Mae'r tymhorau wedi bod yn ffafriol iawn eleni (hyd yn hyn) i ni amaethwyr ac yn ôl fy nyddiadur os gwelir "blodau'r mwyar ym Mehefin, bydd cynhaeaf cynnar wedyn" sy'n argoeli'n dda eto – gwych yw natur.

Ni fu llawer o newid yn dilyn yr etholiad, ond yn sicr roedd y diffyg a'r methiant i gyfathrebu efo'r bobl yn glir wedi i'r llywodraeth golli eu mwyafrif. Gwers bwysig i'r gwleidyddion yw mai cynrychioli'r bobl yw eu dyletswydd. Gobeithio bydd Michael Gove, gweinidog newydd DEFRA, yn medru cynrychioli diddordebau ffermwyr y Deyrnas Unedig wrth drafod masnach a'r polisi newydd dros amaeth a'r amgylchedd. Mae cyfle gwych yn dilyn Brexit i ni lywio polisi sy'n ymateb i ofynion y wlad hon a hoffwn weld pwysigrwydd bwyd, bwyta'n iach ac iechyd yn cael ei drafod yn yr un frawddeg â ffurfio polisïau fel ein bod yn gallu darparu bwyd o'r ansawdd uchaf ac ymdrin â phroblemau iechyd y wlad. Mewn cynhadledd Nuffield yn Nottingham bythefnos yn ôl datganodd Prof Susan Jebb o Brifysgol Rhydychen mai "Diet is the leading cause of ill health in the UK" gan fod:

- 1 o bob 2 â cholestrol uchel
- 1 o bob 3 â phwysedd gwaed uchel
- 1 o bob 4 yn ordew
- 1 o bob 16 yn dioddef o'r clefyd siwgr.

Adref yn Llysun cafodd yr ŵyn i gyd eu dos llyngyr cyntaf (Cydectin) a'u hail frechiad o Bravoxin (10 in 1). Mae'r ŵyn wedi tyfu'n dda eleni a chafodd tua 70 eu gwerthu fis Mehefin – roedd eu pwysau a'u prisiau'n dda iawn. Bu'r cneifio yn ychydig o 'stop-start' efo'r cawodydd glaw mynydd yn hindro'r job, ond ar ôl dyfal donc mae diwedd ar golli defaid ar eu cefnau am flwyddyn arall.

Mae'r lloio bron â gorffen ond yn anffodus cafwyd 'caesarean' cyntaf y flwyddyn ganol mis Mehefin – roedd cyfuniad o lo mawr a phelfis cul yn golygu nad oedd gobaith cael y llo allan trwy'r cefn! Wrth i'r lloio ddod i ben mae'r tymor magu yn ailddechrau. Mae'r teirw i gyd allan efo'r gwartheg ers dyddiau olaf y mis. Bu Iwan Parry (milfeddyg) yma yn testio'r teirw ac yn paratoi'r heffrod trwy fesur maint eu pelfis, sicrhau eu bod yn iach i fagu ac yna'n eu syncroneiddio fel bod y cyfan yn cael tarw potel ar yr 28ain o Fehefin. Tarw Angus gan Genus Millah Murrah Klooney o Awstralia yw'r dewis eleni.

Cefais y fraint o feirniadu'r gwartheg Salers yn sioe'r Royal Highland yr wythnos ddiwethaf efo Catrin, Morgan a Lois. Fe wnaeth Des a Doreen ymuno â mi ar y daith hefyd i roi ychydig o gefnogaeth a chynnig sylwebaeth o'r ochrau! Anrhydedd mawr oedd cael fy ngwahodd a gobeithio bod pawb yn weddol fodlon efo'r beirniadu. Mae sylwebu efo Dai Jones tu ôl i gamera yn dipyn haws!

Bu dau ymwelydd gwahanol iawn yn aros efo ni dros y mis diwethaf sef Elle Coon o Oregon, merch y teulu y bûm yn gweithio efo nhw yn Corvallis, a Fred Appleton o Awstralia. Mae Fred yn teithio'r byd efo Ysgoloriaeth Nuffield. Mae o'n ffermio 40,000 o wartheg ar 470,000 acer yng nghanol Queensland, lle mae sychder yn broblem fawr a'r gwartheg yn cael eu hel efo hofrennydd (a finnau'n meddwl prynu drôn!). Roedd y ddau wedi synnu at hyfrydwch a gwyrddni'r wlad sydd heb os yn un o'n hasedau mwyaf.

Mae'r ffenestr wedi agor ar gyfer ceisiadau'r Grant Busnes i Ffermydd. Bydd cyfle arall i ymgeisio ym mis Awst ac ym mis Chwefror. Mae sôn y bydd eitemau ychwanegol ar y rhestr ym mis Awst (fel offer ffensio electrig). Os na wnaethoch fynychu un o gyfarfodydd Cyswllt Ffermio er mwyn cael ymgeisio am y grant, mi fydd cyfarfodydd ychwanegol yn cael eu cynnal dros fisoedd yr haf.

"Pay the Farmer now or the Pharma later" oedd un dywediad da a glywais yn Nottingham. Nid yw pwysigrwydd bwyta'n iach yn cael ei bwysleisio ddigon ac anodd iawn yw ceisio dadansoddi'r holl negeseuon ynghlwm â bwyta'n iach – mwy o gig coch neu lai o gig coch? Menyn neu marjarîn? Mae'r arbenigwyr yn newid eu meddwl bob mis! Mae ffasiwn hefyd yn bwerus iawn ac mae enghraifft dda o hyn ar YouTube – 'What is gluten?' efo Jimmy Kimmel sy'n trafod bwyta deiet 'gluten-free'. Nid yw'r mwyafrif yn gwybod beth yw glwten ond mae'r ddelwedd yn honni bod bwyta bara gluten-free yn llawer mwy llesol. Beth yw eich barn chi?

Hwyl am y tro!

Awst a Medi 2017

Hir yw pob aros ond o'r diwedd mae tymor a blwyddyn ysgol wedi dod i ben a'r plant i gyd yn mwynhau gwyliau'r haf. Mae'r Sioe Fawr yn Llanelwedd yn atyniad pwysig i blant a theuluoedd cefn gwlad ac yn ffordd wych o ddechrau'r gwyliau.

Dechreuodd mis Gorffennaf efo ymweliad â Sbaen ac i Wlad y Basg, fel rhan o fy astudiaethau ar gyfer ysgoloriaeth Nuffield. Ni ddisgwyliais i'r ardal fod mor debyg i Gymru efo'i mynyddoedd a'i chaeau pori glas – heblaw am yr adeiladau a thai Sbaenaidd. Ymwelais â nifer o ffermydd a chanolfannau ymchwil. Roedd llawer o ddiadelloedd defaid godro yn gwneud caws, ac roedd buchesi bach o fuchod godro a buchod sugno. Amaethyddiaeth llawer mwy traddodiadol oedd yno efo ffermydd bach yn hunangynhaliol ac yn gwerthu llawer o'u cynnyrch (llaeth, cig, caws) yn y marchnadoedd lleol. Roedd pwysigrwydd a gwerth i'w dulliau traddodiadol a'u diwylliant a braf oedd gweld hyn yn cael ei gydnabod. Wrth drafod efo'r ffermwyr, sydyn iawn oedd rhywun yn deall bod y problemau oedd yn eu hwynebu'r un fath ag yma – annhegwch y Taliad Sengl, Ewrop, mewnfudwyr a phobl ifanc yn troi eu cefn ar gefn gwlad.

Ar y diwrnod olaf cefais gyfle i ymweld â Pamplona a chael y profiad bythgofiadwy o weld y teirw yn rhedeg trwy'r strydoedd bach cul. Roedd gŵyl dathlu Sant Fermin yn para am wythnos a'r teirw yn cael eu gollwng am wyth o'r gloch bob bore ac yn dechrau ar eu 'stampede' trwy'r dref (a thrwy'r dorf) gan orffen yn stadiwm y dref dri munud yn ddiweddarach. Os cewch gyfle ryw ddydd rwy'n erfyn arnoch i ymweld a mwynhau'r dathliadau – ond nid i redeg!

Wedi dychwelyd adref dechreuodd y gwaith o ddyfnu'r ŵyn ar y mynydd – yr ŵyn mwyaf yn cerdded lawr i Lysun i'r adlodd a'r ŵyn lleiaf yn cael eu dipio ac yn aros ar y mynydd. Mae'r tymor wedi bod yn un ffafriol iawn i'r ŵyn efo tyfiant da ac ychydig iawn o lyngyr. Hyd yn hyn un ddos y mae'r ŵyn wedi'i derbyn ac ar y cyfan maent yn parhau'n lân. Gwerthwyd tua 100 o ŵyn oddi ar eu mamau wrth ddyfnu i gyfartaledd o 18.9kg ar y bachyn. Mae prisiau'r ŵyn wedi bod yn dda (hyd yn hyn) efo'r gyfradd gyfnewid yn cael dylanwad mawr – yn ystod chwe mis cyntaf y flwyddyn mewnforiwyd 21% yn llai o gig oen o Seland Newydd gan eu bod hwythau hefyd yn dechrau edrych am farchnadoedd newydd. Yn anffodus yn ystod y chwe mis cyntaf hefyd bu dirywiad o 5% mewn gwerthiant cig oen, ond rhaid canmol y Co-op, Sainsbury's ac Asda am

Gwyddau Morgan yn dod yn eu blaen yn dda. Gobaith am ginio Nadolig blasus!

gytuno i werthu dim ond cig oen Prydeinig, sy'n hwb mawr i'r diwydiant.

Mae'r teirw wedi cael mis prysur dros ben, ond fel arfer mae dau wedi brifo'n gloff efo un yn adfer o dan do ar wellt a'r llall yn ymdrechu ei orau ar ddos o Metacam (i ladd poen a lleihau'r chwydd). Ar ôl i'r heffrod gael AI wedi'i syncroneiddio, bu i bump ail-ofyn ac maent wedi cael tarw eto, sy'n argoeli'n dda – bydd un cyfle arall i'r heffrod mewn tair wythnos. Y bwriad yw y bydd yr heffrod i gyd wedi cael tri chyfle mewn 45 diwrnod (AI y diwrnod cyntaf, tarw naturiol ar yr ail a'r trydydd cylch).

Bydd ein prawf TB nesaf ar y 18fed o Awst ac os bydd yn glir cawn werthu eto (croesi bysedd a phopeth arall sydd modd cael eu croesi!). Mae'r llywodraeth wedi cyhoeddi eu polisi newydd ar gyfer rheoli'r clwy sy'n rhannu Cymru yn ardaloedd o risg uchel, canolig ac isel. Yma rydym mewn ardal ganolig sy'n golygu y bydd rhaid i wartheg sy'n cael eu gwerthu oddi yma gael eu hailbrofi am TB 60 diwrnod ar ôl cyrraedd y daliad newydd. Rwyf yn gefnogol o unrhyw gamau i reoli'r clwy ond nid rhannu'r wlad (sy'n wlad fach) a gwahaniaethu rhwng ardaloedd yw'r ffordd gywir. Mae angen undod i ddiwreiddio'r clwy cymhleth hwn.

Wythnos cyn y Sioe Fawr cefais y fraint o feirniadu cystadleuaeth Ffermwr Biff y *Farmers Weekly* 2017 gan ymweld â thri lle (Mansfield, Bradford-on-Avon a Llanrwst) ac ymweld â thri system gwahanol – dwy fuches sugno (un Limousin ac un Simmental) ac un system magu 1500 o loi Aberdeen Angus ar fwced ar gyfer Blade Farming (cynllun lle mae'r lloi yn cael eu magu ar laeth powdr ar y ffarm am dri mis cyn symud ymlaen i gael eu pesgi ar ffermydd eraill). Bydd y ffarmwr llwyddiannus yn cael ei wobrwyo yn Llundain ddechrau mis Hydref.

Yn ystod wythnos olaf y tymor bu Morgan ar brofiad gwaith at Catherine yn Prostock Vets yng Nghaerfyrddin. Cafodd gyfle i ymweld â sawl buches odro ac amrywiaeth o 'gleifion'. Wedi dychwelyd nid yw'n sôn am fod yn filfeddyg ond yn hytrach yn awyddus i odro! "Watch this space" fel dywed y Sais!

Balch iawn oedd pawb yma, ac yn Goetre, wedi i Thomos gael ei gyhoeddi yn enillydd Ysgoloriaeth Hybu Cig Cymru 2017. Ar ôl cyfweliad dwys a chryn gystadleuaeth cafodd Thomos ei wobrwyo yn y Sioe Fawr ar stondin HCC. Bydd yn trafeilio i Seland Newydd i weld systemau ffensio electrig a sut y mae modd eu defnyddio yma yng Nghymru i wella ein deunydd o borfa, ac i wella effeithiolrwydd cynhyrchu cig oen a chig eidion.

Thomos yn cael ei wobrwyo

Roeddwn yn croesawu araith Michael Gove wrth iddo ddatgan pwysigrwydd ffermwyr ond bod yn rhaid iddyn nhw "earn their support" drwy amaethu mewn dulliau sy'n cefnogi'r amgylchedd. Pwysleisiodd hefyd bwysigrwydd ardaloedd cefn gwlad a chadw pobl yno – "there is a need to ensure that the human ecology of rural areas is protected".

Ar eich cyfer y mis yma mae clip ar YouTube o'r teirw yn rhedeg trwy'r strydoedd yn Pamplona – teipiwch 'San Fermin 2017' a dewis y fideo cyntaf.

Mwynhewch yr haf a hwyl am y tro!

Hydref 2017

Wedi Awst prysur efo prawf TB arall (clir) ar y fuches gyfan, gorffen y cynhaeaf efo'r ail doriad, ailhadu dau gae a Sioe Llanfair, daeth yr amser i mi ddiflannu unwaith eto! Canada a'r Amerig oedd y cyrchfannau'r tro hyn ar gyfer fy astudiaethau ysgoloriaeth Nuffield.

Ac o Michigan yr wyf yn ysgrifennu fy erthygl y mis yma – mae gen i ddeg diwrnod ar ôl yma cyn dychwelyd adref o Efrog Newydd ar y 5ed o Hydref. Mae'r tywydd wedi bod yn anarferol o boeth yma efo'r tymheredd yn cyrraedd 34 gradd Celsius bob dydd. Mae sôn am oeri dros yr wythnos nesaf a fydd yn fy mharatoi ar gyfer mynd adref! Effaith yr 'hurricanes' medden nhw sy'n gyfrifol.

Dechreuodd fy nhaith yn Winnipeg yn ymweld â ffermydd yn ardal Brandon sy'n ymarfer 'high density grazing' ac felly yn symud y gwartheg ddwywaith bob dydd i ddarn bach ffres o borfa, ond mae o leiaf 200 o wartheg i'r cyfer. Ni fydd y gwartheg yn dychwelyd i'r cae am o leiaf 90 diwrnod ac mae'r cyfnod o seibiant yn cael sylw mawr.

Ar y daith teithiais o Winnipeg i Fargo yng Ngogledd Dakota, i lawr trwy'r Red River Valley sy'n ardal ffrwythlon a chynhyrchiol dros ben, trwy Dde Dakota i Des Moines yn Iowa, i fyny i Madison yn Wisconsin ac yna draw ar fferi o Milwaukee i Michigan. Mae Lake Michigan fel môr anferth ac mae'n cymryd dwy awr a hanner i'w groesi!

With deithio i'r dwyrain trwy fôr o India-corn a soia sydd bob cam o Ganada i Michigan, y gwahaniaeth mwyaf gweladwy yw bod maint y caeau yn lleihau ond nifer y ffermydd, y bobl a'r ceir yn cynyddu. Elfen drawiadol arall wrth ymweld â ffermydd a gyrru trwy'r pentrefi a threfi bach yw maint y mynwentydd sy'n eich atgoffa o oed y wlad a'r allfudo a fu tua'r gorllewin – prin oedd cwsmeriaid mynwentydd Gogledd Dakota! Mae pris y tir hefyd yn gostwng yn raddol wrth symud i'r gorllewin. Dyma ychydig o ffeithiau am y taleithiau y bûm yn ymweld â nhw.

Gogledd Dakota
Poblogaeth: 642,000
Maint y dalaith: 70,704 milltir sgwâr
Maint ffarm ar gyfartaledd: 1,300 acer

Iowa
Poblogaeth: 3 miliwn
Maint y dalaith: 55,875 milltir sgwâr
Maint ffarm ar gyfartaledd: 331 acer

Wisconsin
Poblogaeth: 5.6 miliwn
Maint y dalaith: 46,000 milltir sgwâr
Maint ffarm ar gyfartaledd: 194 acer

Michigan
Poblogaeth: 10 miliwn
Maint y dalaith: 96,810 milltir sgwâr
Maint ffarm ar gyfartaledd: 179 acer

Y Deyrnas Unedig
Poblogaeth: 65 miliwn
Maint: 94,060 milltir sgwâr
Maint ffarm ar gyfartaledd: 136 acer

Mae pwysigrwydd amaethyddiaeth i'r ardaloedd hyn yn amlwg efo'r economi a'r cymunedau gwledig yn hollol ddibynnol ar dyfu cnydau a magu anifeiliaid. Mae'r tiroedd gorau i gyd yn tyfu India-corn a soia bob yn ail, tra bod y gwartheg yn gorfod byw ar diroedd sâl a llethrog. Cymaint yw gwerth India-corn (fel ffynhonnell bwysig o fwyd i ni ac i anifeiliaid, a hefyd i gynhyrchu ethanol ac egni) fel dywedodd un ffarmwr wrthyf – pe bai dim ond dau beth byw ar ôl ar y ddaear, dyn ac India-corn fyddai'r rheini.

Er maint y caeau a'r ffermydd nid yw gwneud arian yn hawdd efo un ffarmwr yn honni bod ffarm 1500 acer yn ei chael hi'n anodd gwneud elw a bod llawer yn gadael i chwilio am waith. Un arf pwysig sydd gan y ffermwyr yw technoleg GMO sef Genetically Modified Organisms, ac mae pawb yn defnyddio'r hadau er mwyn arbed costau. Y prif fath o GMOs yma yw Roundup Ready sy'n galluogi'r ffermwyr i arbed llawer o gostau ar eu defnydd o 'sprays' i reoli chwyn. Nid yw Roundup yn lladd y cnwd ond yn lladd y chwyn. Yn anffodus trwy orddefnyddio Roundup mae natur yn dechrau addasu a heddiw mae problemau mawr efo chwyn sy'n medru ei wrthsefyll (Roundup resistant weeds). Natur yw'r bos yn y diwedd bob tro!

Un peth sy'n sicr yw bod pobol America yn mynd yn fwy bob blwyddyn! Nid yw'r arferiad o brynu pob pryd bwyd o 'Drive-thru' a'i fwyta yn y car yn argoeli'n dda i ddyfodol y genedl. Digon hawdd yw chwerthin am y peth ond mae'r sefyllfa yn un eithaf difrifol ac yn siŵr o greu pryderon iechyd yn y dyfodol agos. Mae'r 'millennials' yn dangos bod gobaith gan fod bwyta'n iach yn cael llawer mwy o sylw ac efo cwmni Amazon yn prynu archfarchnad Whole Foods (sy'n canolbwyntio ar fwyd da o safon) mae'n sicr eu bod yn gweld dyfodol i fwyta'n iachus. Wrth ymweld â siop Whole Foods yn Wisconsin diddorol oedd gweld bod bwyd 'organic' yn bwysig, ond bod 'pasture-fed', 'pasture-raised' a '100% grassfed' yn bwysicach. Y syndod mwyaf oedd gweld cig oen o Wlad yr Iâ ar werth yno, ond mi drefnais fod llwyth o Lysun yn mynd draw fis nesaf!

Mae'n rhaid i mi ddiolch yn ddiffuant i'r holl dîm sydd adref yn gofalu am bethau ac sy'n fy ngalluogi i gael yr amser i deithio efo Nuffield heb orfod poeni am beth sy'n mynd ymlaen ar y fferm. Gadawaf i chi ystyried y

sefyllfa sydd yma – yn ôl ystadegau diweddaraf mae pum acer o dir yn gadael amaethyddiaeth bob munud yn America, efo'r mwyafrif yn mynd o dan goncrid i adeiladu ffyrdd ac adeiladau. Ni fyddai llawer o ardal y *Plu* ar ôl erbyn i mi gyrraedd adref pe bai'r un peth yn digwydd yng Nghymru!

Hwyl am y tro a 'have a nice day'!

Tachwedd 2017

Mae'n rhaid cyfaddef fy mod yn mwynhau'r hydref a'i harddwch ac wrth i'r nosweithiau dynnu i mewn ac i'r awr droi yn ei hôl mae cysur mawr i'w gael wrth feddwl am orffen y dydd yn gynt – dod i mewn i gynhesu o flaen fflamau'r tân a chlywed am ddigwyddiadau'r dydd yn yr ysgol gan y teulu. Ar ôl mis i ffwrdd, efo dim peryg o fod angen côt na het, siomedig iawn oedd dod adref i dywydd mor annifyr. Nid hawdd yw amaethu yn yr ucheldiroedd pan fo'r tywydd yn ffafriol hyd yn oed, ond efo mis Awst a Medi gwlyb a di-haul mae'n hawdd gweld pam bod ein hardaloedd yn cael eu disgrifio fel ardaloedd llai ffafriol!

Dechreuodd fy mis yn Tionesta, Pennsylvania, ar ffarm Russ Wilson ('Wilson Land & Cattle': YouTube) sydd wedi trawsnewid ei ffarm drwy ganolbwyntio ar ddulliau ffermio sy'n ffafriol i iechyd ei bridd. Roedd Russ yn symud ei wartheg hyd at dair gwaith y dydd er mwyn sicrhau nad oedd ei borfa a'r planhigion yn cael eu pori yn rhy drwm. Bwyta 50%, gadael 20% a sathru 30% i fwydo'r pridd – dyma oedd ei ddull a'i system. O'r holl systemau a welais ar hyd fy nhaith mae'n sicr mai un Russ Wilson oedd yr un mwyaf effeithiol gan fod ganddo ddigonedd o borfa ar ôl i fwydo i ganol y gaeaf ac felly'n lleihau ei ddibyniaeth ar wair a silwair.

O Tionesta i Brifysgol Cornell yn ninas Ithaca, Efrog Newydd, i gwrdd â darlithwyr a thrafod eu rhaglen newydd ar gyfer asesu pridd 'The Cornell comprehensive assessment of soil health'. Ffordd wahanol o brofi'r pridd yw'r rhaglen sy'n ystyried sawl gwahanol ddull ac yn edrych ar y pridd yn ei gyfanrwydd i fedru rhoi asesiad llawn o'i iechyd a'i ffrwythlondeb. Mae mwy o fywyd mewn llwy de o bridd nac sydd o bobol yn y byd, ac felly pwysig iawn yw ystyried effaith ein dulliau ffermio ar y bywyd sydd o dan ein traed, a sut i gynnig a chreu amodau ffafriol iddynt.

AeroFarms yn Newark oedd fy ymweliad olaf cyn dychwelyd adref, sef y ffarm fertigol fwyaf yn America. Mae'r fferm yn tyfu llysiau heb haul, heb bridd ac yn defnyddio 95% llai o ddŵr nag amaeth confensiynol. Maent hefyd yn gallu tyfu llysiau pob awr o bob dydd.

Efo'r holl dechnoleg mae'r cwmni yn honni eu bod 390 gwaith yn fwy cynhyrchiol nag amaeth cyffredin. Diddorol iawn oedd cael y cyfle i ddysgu am y dulliau newydd o gynhyrchu bwyd i ardaloedd o boblogaeth ddwys, a bydd yn sicr yn datblygu'n bellach yn y dyfodol. Fy marn bersonol i yw pam defnyddio ffurf artiffisial sydd angen trydan ac egni pan fo golau'r haul yn rhad ac am ddim, ac mae llawer mwy o faeth yn ein priddoedd sy'n cael ei drosglwyddo i'r bwyd. Nid hawdd yw gwneud yn well na natur.

Ac yna adref, i'r glaw a'r caeau gwlyb, a doedd fawr o ddewis ond symud y gwartheg i gyd o dan do, bythefnos da yn gynt nag arfer. Balch iawn oedd y gwartheg o gael gwely sych a bwyd sych ar ôl deufis digon anodd. Cafodd lloi cyntaf yr heffrod eu dyfnu er mwyn rhoi cyfle i'r heffrod gael eu gwynt atynt ac efo'r lloi Angus i gyd yn bwyta ychydig o flawd ni chafwyd gormod o frefu!

Gan fod y gwartheg i gyd i mewn penderfynwyd cael prawf TB arall, ac efo'r prawf yn glir (y 3ydd) dylai pob cyfyngiad gael ei godi, a fydd yn ein galluogi i werthu gwartheg unwaith eto. Mae'r broblem TB a'r holl

Russ Wilson, Pennsylvania

anawsterau sydd ynghlwm â'r clwy yn gwneud i bob ffarm ystyried eu systemau presennol ac yn sicr un o'r opsiynau yw pesgi ein gwartheg yn hytrach na dibynnu ar brawf TB clir i fedru gwerthu'r gwartheg yn stôr.

Mae'r hyrddod i gyd allan efo'r defaid erbyn hyn, ac efo lwc, wrthi'n brysur yn creu ŵyn blwyddyn nesaf! Mae ŵyn eleni yn prysur ddiflannu efo llwyth yr wythnos yn mynd i'r lladd-dy, ond siomedig yw gweld y prisiau yn disgyn yn is na phrisiau'r llynedd. Gwnewch eich gorau i fwyta cig oen Cymreig yn rheolaidd gan ei fod, heb os, y cig mwyaf naturiol ac iach sydd i'w gael.

Bu ymweliad blynyddol yr Ysgol Uwchradd efo'r plant yn cael y cyfle i ddewis ŵyn i fynd i'r farchnad neu'r lladd-dy. Fel arfer roedd cyfle iddynt ddewis eu hoen 'delfrydol', ei dagio a'i bwyso ac yna cymharu'r canlyniadau wedi i'r oen gael ei ladd a'i raddio. Roedd criw da eleni a'r athro Mr Griffiths yn wynebu cystadleuaeth gref i ddewis yr oen gorau!

Wedi'r gwynt cryf un broblem yr ydym wedi ei hwynebu yw gwenwyno mes, neu 'acorn poisoning' yn yr ŵyn benyw. Bu i ddeg farw ac mae pump arall yn gwella'n araf ar ôl bod yn wael iawn. Y symptomau yw bod yr ŵyn yn edrych yn sâl, yn colli graen ac yna'n dechrau sgwrio'n ddu gan fod y stumog a'r corff wedi ei wenwyno. Marwolaeth boenus iawn yn sicr ac mae'r prognosis yn wael. Mae gwartheg hefyd yn medru cael eu heffeithio, ond wrth gwrs mae moch wrth eu bodd yn bwyta mes.

Mae Thomos yn gadael am Seland Newydd ar y 4ydd o Dachwedd am fis efo'i ysgoloriaeth Hybu Cig Cymru. Un peth da am hynny yw bydd yn rhaid i'w feistr aros adref er mwyn gofalu am y gwaith! Pob lwc, Thomos, ac edrychwn ymlaen at glywed a darllen dy holl hanes yn y *Plu* wedi iti ddychwelyd!

Erbyn rhifyn nesaf y *Plu*, byddaf yn medru adrodd ar gwymp y glaw yn ardal y *Plu*, gan fod sawl mesurydd glaw wedi cael ei leoli ar draws y fro.

Mae clip ysbrydoledig ar YouTube ar eich cyfer fis yma sy'n dangos bod modd gwneud gwahaniaeth. Chwiliwch am 'Champion of the Earth 2016: Afroz Shah' (clip 2:56).

Mwynhewch eich nosweithiau o flaen y tân! Hwyl am y tro!

Rhagfyr 2017

Mae'r Nadolig yn prysur agosáu ond er yr holl gyffro a'r bwrlwm sydd ynghlwm â'r adeg yma o'r flwyddyn mae'r ffaith mai dim ond tair wythnos sydd tan ddiwrnod byrraf y flwyddyn yn fy nghyffroi i'n llawer mwy! Bah hymbyg wir!

Fis Tachwedd digon mwyn a gawson ni ond hefyd digon gwlyb, eto. A oes llygedyn o obaith ymhlith yr holl law? Wel, yn ôl cyflwyniad mewn cynhadledd Waitrose yn ddiweddar, glaw fydd yr her fwyaf i fyd amaeth erbyn 2050, felly bydd byw ac amaethu yn ucheldiroedd Cymru o fantais yn y dyfodol!

Dechreuodd y mis efo hanner tymor y plant a rhew caled cyntaf yr hydref (a digon posib y flwyddyn). Mae'r tymhorau yn ymddangos fel eu bod yn ymestyn a'r tywydd mwyn yn sicrhau tyfiant da o borfa, er nid hawdd yw manteisio arno efo'r caeau mor wlyb.

Mynychais gwrs hyfforddiant i reoli tyrchod drwy Cyswllt Ffermio a chwrs 'Training for the Future' yn Nolobran ar y 1af o'r mis ac roedd 'arholiad' digon anodd ddeuddydd yn ddiweddarach. Mae'n rhaid cyfaddef fy mod wedi dysgu mwy na'r disgwyl, ond efo sôn am beidio â chaniatáu gwerthu gwenwyn llygod mawr ar ôl mis Rhagfyr (heb drwydded) mae'n rhaid nad oes gwerth i synnwyr cyffredin bellach! Tybed beth fydd yn rhaid cael hyfforddiant a thrwydded ar ei gyfer nesaf?!

Cafodd y gwartheg a'r heffrod i gyd eu sganio ond roedd y canlyniadau ychydig yn gymysg – roedd chwe buwch wag ond roedd chwech hefyd yn cario efeilliaid. Yn anffodus, roedd pedair o'r heffrod gwag wedi magu efeilliaid dros yr haf sy'n tanlinellu'r pwysigrwydd o roi lle gwell ac efallai ychydig o flawd i'r gwartheg sy'n magu dau. Ar y cyfan nid yw efeilliaid yn ddymunol, er bod mantais cael ychydig rhag ofn colli lloi. Siomedig braidd oedd yr heffrod – dim ond19 oedd wedi sefyll i'r tarw potel ar y diwrnod cyntaf sef 65%, o'i gymharu â 76% y llynedd. Wrth roi'r canlyniadau i gyd at ei gilydd bydd 92% o'r gwartheg a'r heffrod yn lloio dros y chwe wythnos gyntaf.

Efo'r silwair yn diflannu'n gynt na'r arfer penderfynwyd dyfnu'r lloi i gyd er mwyn gallu rhoi'r gwartheg ar 'rations' am gyfnod. Pan fo buwch 600kg yn cynhyrchu llaeth mae angen 120 MJ/ME y dydd arni o'i gymharu â 70 MJ/ME y dydd ar ôl dyfnu gan nad yw'n cynhyrchu llaeth. Felly mae dyfnu a sychu'r fuwch yn golygu ein bod yn defnyddio llai o silwair. Oherwydd rhwystredigaethau TB mae'r gwartheg 18 mis (sydd fel arfer yn cael eu gwerthu'n stôr) yn cael eu pesgi ac mae deg wedi mynd i ABP yn yr Amwythig yn barod. Y rhai cyntaf i fynd oedd pum bustach Aberdeen Angus. Roedden nhw wedi pesgi'n llawer haws na'r Charolais a'r Salers, ac efo bonws o 20c/kg mae llawer ganddynt i'w gynnig. Fel pob brid arall, pwysig yw cael tarw da o safon, ond nid yw hyn yn hawdd bob amser.

Cae o blantain yn Iwerddon

Ar y 4ydd o Dachwedd buom yn ymweld â Choleg Hartpury ger Caerloyw, efo Morgan sydd â diddordeb mewn astudio amaeth yno ar ôl gorffen Blwyddyn 11 (a'r ysgol!) haf nesaf. Roedd cyfleusterau gwych yno o ran amaeth a hefyd o ran chwaraeon, ac ar ôl y croeso a sgwrsio roeddwn awydd mynd yno fy hun! Mae gan y coleg gysylltiad cryf â Phrifysgol Harper Adams ac mae opsiwn i fynd ymlaen a gwneud cwrs gradd yno ar ôl cwblhau yn Hartpury, ond un cam ar y tro!

Ddiwedd y mis cefais gyfle i fynd i'r Iwerddon am ychydig ddyddiau i ymweld â ffermydd, canolfannau ymchwil Teagasc a phrifysgol Dulyn fel rhan o ysgoloriaeth Nuffield. 'Origin Green' yw enw'r rhaglen hybu bwydydd a diodydd yn Iwerddon ac mae'r ddelwedd naturiol o anifeiliaid yn pori porfeydd 'glas' yn adlewyrchiad cywir o'r diwydiant amaeth yno. Mae'r trawsnewidiad anferth o gadw buchod sugno a defaid draw i odro yn parhau ac mae llwyddiant y wlad wrth allforio menyn a chaws yn rhoi sylfaen gref i'r diwydiant llaeth. Mae'r hinsawdd a'r tirwedd yn ddelfrydol ar gyfer tyfu a defnyddio porfa ac efo meddylfryd ac agwedd 'can-do' y Gwyddelod mae'n sicr y bydd diwydiant amaeth llewyrchus yno, er gwaethaf pryderon Brexit.

Mae cyfnod cyffrous newydd wedi gwawrio ar Zimbabwe efo Mugabe o'r diwedd wedi cael ei orchfygu ar ôl 40 mlynedd fel arlywydd y wlad. Zimbabwe oedd y 'Breadbasket of Africa' ar un adeg ond efo polisïau Mugabe yn gyrru'r ffermwyr o'u tir bu dirywiad sylweddol yn economi'r wlad. Honnodd Peter Hain ar y radio'n ddiweddar bod 100 o bobl yn gweithio ar bob ffarm ar gyfartaledd cyn i'r ffermwyr gael eu gyrru o'u tir. Efo'r arweiniad cywir mae'n sicr bod modd dychwelyd y wlad a'i hamaeth i uchelfannau'r gorffennol.

Mae gwyddau Morgan yn pesgi ac efo ambell un yn dechrau'i 'gowsio' fo allan trwy'r drws, nid yw'r berthynas rhyngddynt mor agos ag y bu, sy'n gwneud y cam nesaf yn llawer haws! #DontMentionChristmas!

Mwynhewch yr ŵyl a'r holl ddathliadau, a rhowch ddiolch ac ystyriaeth i'r holl amaethwyr sydd wedi cyfrannu at roi eich cinio Nadolig ar y bwrdd.

Hwyl am y tro!

Plu'r Gweunydd

Dyddiaduron 2018

Ionawr 2018

Dyma ni wedi ffarwelio â'r Nadolig a 2017 ac yn croesawu 2018 a'i haddunedau newydd – peidio â 'snacio', peidio â chnoi ewinedd, bod yn fwy trefnus ac ysgrifennu erthygl y *Plu* mewn da bryd! Bu 2017 yn flwyddyn o ddwy hanner efo'r chwe mis cyntaf yn argoeli'n dda ond yna

chwe mis o dywydd diflas yn tanseilio'r cyfan efo'r ŵyn yn anodd i'w pesgi a'r gwartheg i mewn bron iawn fis yn gynt na'r arfer.

Ond, dyma fydd y patrwm yn y dyfodol gan fod yr hinsawdd yn newid. Un peth sy'n sicr yw bod ein tywydd yn llawer mwy eithafol heddiw nag a fu yn y gorffennol efo rhai ardaloedd o fewn y DU yn dioddef o sychder a rhai yn dioddef o lifogydd.

Dechreuodd y mis efo Thomos yn dychwelyd o Seland Newydd yn llawn hanes a straeon diddorol dros ben. Roedd wedi mwynhau ei brofiad ac wedi gweld a dysgu llawer, er bod mis ddim yn ddigon hir, coelio! Ei job gyntaf oedd mynd trwy'r defaid i dynnu'r hyrddod allan, rhoi dos lladd ffliwc iddynt a rhoi tagiau newydd ym mhob clust a oedd wedi colli tag. Ar y cyfan mae'r defaid yn edrych yn syndod o dda, ond pan ddaeth yr eira trwm ganol y mis roeddent yn falch iawn o weld tractor efo gwair a silwair yn dod i'w bwydo.

Gwerthwyd llwyth olaf yr ŵyn (heblaw am tua deg cwlin) cyn y Nadolig efo'r 60 yn pwyso 18.1kg ar gyfartaledd. 19kg ar gyfartaledd oedd

pwysau'r ŵyn dros y tymor cyfan, sy'n debyg iawn i'r arfer. Wrth edrych yn ôl ar 2017 a cheisio dadansoddi'r ffigyrau, yn ôl canlyniadau sganio fe werthwyd 76% o'r ŵyn, cafodd 12% eu cadw i fagu gan adael colled o 12% ers y diwrnod sganio, sy'n ffigwr digon derbyniol i'r system ond nid da lle gellir gwell!

O ganlyniad i fy ysgoloriaeth Nuffield, cafodd 60 tunnell o gypsum ei chwalu (1t/acer) ar ychydig o'r caeau gwaelod er mwyn ceisio codi lefel y calsiwm (Ca) yn y pridd a chywiro cydbwysedd y magnesiwm (Mg). Mae priddoedd yr ardal yn naturiol uchel mewn Mg ac efo calch Llynclys yn galch magnesiwm mae ei ddeunydd dros y blynyddoedd wedi arwain at lefelau Mg annymunol o uchel. Diddorol fydd gweld effaith y gypsum ar dyfiant y borfa dros y blynyddoedd i ddod.

Ganol mis Rhagfyr bûm ynghyd â gweddill criw Nuffield 2017 yn Nobel House, Llundain yn cwrdd â thîm Michael Gove i drafod a mynegi barn ar y polisi newydd ar gyfer amaeth a'r amgylchedd yn dilyn Brexit. Yn anffodus nid oedd llawer o ddealltwriaeth o amaethyddiaeth ymhlith y tîm ifanc yn DEFRA ond teimlaf fod eu tôn yn addawol efo cydnabyddiaeth gref o'r angen i gael ffermwyr i gynnal yr amgylchedd a chefnogi'r ardaloedd gwledig. Mae'n sicr y bydd ymdrech i sicrhau ein bod yn fwy hunangynhaliol yn y dyfodol ond bydd yn rhaid i fewnforion gydymffurfio â safonau uchel y DU er mwyn sicrhau masnach deg. Pwysig yw sylweddoli o ran cynhyrchu, mai'r diwydiant bwyd a diod yw'r mwyaf ac mae'n werth mwy i'r wlad na'r diwydiant cynhyrchu ceir a'r diwydiant adeiladu awyrennau efo'i gilydd.

Mae pris gwellt wedi codi'n sylweddol eleni o ganlyniad i'r cynhaeaf anodd a gafwyd yn Lloegr ac hefyd oherwydd bod gwartheg dan do yn llawer cynt ym mhob ardal. Mae ffrind i mi o Ogledd Iwerddon wedi gorfod dod â'i wartheg i mewn ers canol mis Awst oherwydd y tywydd gwlyb ac mae si ar led bod gwellt yn gwerthu am £150/t yn yr Alban. O ganlyniad bydd rhaid ceisio cadw'r defaid allan cyn hired â phosib i arbed ar y gwellt. Yn anffodus mae ein deunydd o wellt wedi bod yn uwch eleni oherwydd bod mwy o wartheg yma o ganlyniad i'r sefyllfa TB. Ond cafwyd anrheg Nadolig cynnar ar yr 22ain sef prawf clir arall (y 5ed prawf eleni a'r 4ydd prawf clir) a fydd yn ein galluogi i werthu unwaith eto – o'r diwedd. Mae cael prawf clir yn rhyddhad mawr ac rwy'n sicr nad oedd TB yma yn Llysun wedi i bob buwch, llo a tharw gael pedwar prawf clir dros y saith mis diwethaf.

Mewn pwyllgor NFU Cymru yn ddiweddar cawsom gyflwyniad gan Rizvan Khalid o Euro Quality Lamb yn sôn am y twf sylweddol sydd wedi bod ym marchnad cig oen halal. Mae 48% o Fwslemiaid y wlad yn iau na 25 a gan fod cig oen yn chwarae rhan bwysig yn eu deiet mae potensial y farchnad ethnig yn anferth. Mae angen i ni ddysgu llawer mwy am ofynion ac anghenion y farchnad hon gan gael gwared â'r negeseuon negyddol a chamarweiniol sy'n deillio o'n diffyg dealltwriaeth.

Cyn y Nadolig bu farw cymydog a chyfaill, Gwyn 'Gardden'. Difyr bob amser oedd cael sgwrs efo Gwyn yn enwedig pan oedd ar ei gwad ar ben y mynydd, yn adrodd hanesion yr oes a fu. Yn anffodus, efo marwolaeth Gwyn mae archif o straeon ac enwau pobl a thai'r mynydd wedi mynd am byth ond bydd yr hanes y bu'n ei adrodd am y 'Cynjyrar' yn dwyn tŵls yn fyw tra bydda i!

Iechyd da i bawb yn y flwyddyn sydd i ddod gan obeithio y bydd eich addunedau yn para'n hirach na fy rhai i!

Pob lwc yn 2018.

Hwyl am y tro!

Chwefror 2018

Dyna fis Ionawr wedi diflannu, neu efallai'n fwy addas, wedi golchi i ffwrdd a boddi efo'r tywydd diflas o law diddiwedd a gwyntoedd cryfion – tywydd boddhaol iawn i bawb sydd â system hydro neu felin wynt! Ai dyma fydd ein rôl yn y dyfodol – cynhyrchu trydan o'n hadnoddau naturiol? Pe bai mwy o werth yn cael ei roi ar ddŵr mae'n sicr y byddai modd gwneud ffortiwn yn ystod misoedd fel hyn.

Yr olygfa ddiflas yn ddiddiwedd

Erbyn hyn mae sawl 'gorsaf dywydd' wedi cael eu lleoli trwy ardal y *Plu* a dyma oedd y mesuriadau glaw ar gyfer mis Ionawr.

- Cannon, Llanerfyl: 251mm neu 9.9 modfedd
- Llysun, Llanerfyl: 146mm neu 5.7 modfedd
- Llwyn y Brain, Adfa: 145mm neu 5.7 modfedd
- Rhiwhiriaeth Isaf, Llanfair Caereinion: 137mm neu 5.4 modfedd
- Tŷ Grawn, Llanfihangel: 127mm neu 5 modfedd

Dros y mis cyfan, ychydig iawn o ddiwrnodau heb law a gafwyd, ac efo'r pit slyri yn codi'n agosach i'w frig bob dydd rhyddhad oedd cael ychydig o rew i allu chwalu ugain llwyth o slyri a dŵr budr i'r caeau sychaf. Efo'r Cynulliad yn sôn am gyflwyno Nitrate Vulnerable Zones (NVZs) ar draws y wlad a fyddai'n gwahardd chwalu slyri dros fisoedd y gaeaf, mae'n sicr y byddai angen buddsoddiad sylweddol mewn systemau storio slyri.

Mis sganio defaid yw mis Ionawr i lawer o ffermwyr ardal y *Plu* a chyfle i gael syniad o beth sydd i'w ddisgwyl dros y misoedd nesaf. Mae'r defaid i gyd wedi cael eu sganio erbyn hyn efo 183% yn ganlyniad tebyg iawn i 2017. O fewn y 183% cafwyd 2.4% yn wag, 24% yn cario un oen, 62% yn cario twins a 12% yn cario triplets – ond wrth gwrs "Never count your chickens until they've hatched"! Fel arfer cafwyd 'syrpréis' efo un ddafad ar fin wyna, ac yna o fewn wythnos cafwyd dau oen bach iach sydd erbyn hyn yn prancio drwy bob corlan yn y sied. Mae wyna 2018 wedi dechrau!

Mae amser sganio yn gyfle da i asesu cyflwr y defaid ac i'w rhannu yn ôl eu graen, neu eu 'body condition score'. Mae tua 130 o'r defaid teneuaf wedi dod i mewn i'r sied i gael silwair ac ychydig o flawd er mwyn ceisio cywiro ychydig ar eu cyflwr cyn bod gofynion yr ŵyn yn cynyddu. Yn ddiweddar cynhaliodd yr AHDB (Agriculture and Horticulture Development Board) webinar, sef cyflwyniad a thrafodaeth ar-lein, ynglŷn â defnyddio antibiotigau (AB) yn gyfrifol adeg yr wyna, efo pwyslais mawr yn cael ei roi ar sicrhau bod yr oen yn cael digon o golostrwm. Roedd tystiolaeth yn dangos y berthynas rhwng diffyg colostrwm ag afiechydon fel 'watery mouth' a joint ill ac na ddylid rhoi AB i'r ŵyn i gyd dim ond i rai 'high-risk' sef yr ŵyn gwan, ŵyn triplets, ŵyn sy'n cael eu magu gan ddefaid tenau, ŵyn mawr a gafodd anhawster wrth eu hwyna, a.y.b. Mae cyfrifoldeb ar ffermwyr i leihau ein dibyniaeth ar antibiotegau ac i'w defnyddio'n gyfrifol.

Efo pris y gwellt yn dal i godi, rhyddhad oedd gweld mwyafrif y gwartheg ifanc wedi pesgi ac wedi cael eu gwerthu dros yr wythnosau diwethaf. Anodd iawn yw ceisio deall yr holl wahanol raddau o fewn y system graddio electronig newydd yn ABP, ond er fy mod yn cytuno efo defnyddio technoleg i raddio'r carcas ac yn ddigon bodlon ar y pris, rwyf yn cwestiynu'n fawr yr angen am y fath gymhlethdod.

Un pwnc llosg sydd wedi bod yn boeth ar y cyfryngau cymdeithasol dros y mis diwethaf yw 'Veganuary' efo cefnogwyr yn ceisio baeddu ffermwyr gyda ffeithiau di-sail a chelwyddog. Dechreuodd y ddadl yng Nghynhadledd Ffermio Rhydychen wedi i Gareth Wyn Jones a George Monbiot fynd benben a chyflwyno'r ffeithiau ar gyfer y ddwy ochr. Dadl gyhoeddus, barchus oedd hon sy'n wahanol iawn i'r frwydr sy'n cael ei hymladd ar Trydar efo honiadau erchyll rhai o'r vegans. Y cwestiwn yw a ddylai ffermwyr ymateb i'r ddadl neu a fyddai'n well anwybyddu'r holl gelwydd? Rwyf o'r farn y dylem ni ganolbwyntio ar hybu ein stori ni, ein delwedd naturiol a phwysigrwydd cydbwysedd mewn deiet iach. #Februdairy yw'r ymgyrch sy'n pwysleisio manteision yfed llaeth a phwysigrwydd y diwydiant.

Mewn cyfarfod yn Telford yr wythnos diwethaf bu ffarmwr ifanc o'r enw Mathew Jackson o Ben Llŷn yn adrodd ei stori – cafodd ei eni yng nghanol Manceinion ond mae o bellach yn berchen ar 400 o wartheg godro, ac yntau dim ond yn 30 oed. Dechreuodd ei freuddwyd pan oedd yn fachgen bach yn mynd ar wyliau efo'i deulu i Bwllheli gan aros ar ffarm odro. Er nad oedd dim profiad ffermio ganddo roedd yn benderfynol o fod yn ffarmwr. Ysbrydoledig ydoedd ac yn dangos yr hyn sy'n bosib efo agwedd bositif a gwaith caled.

Efo'r gobaith am well tywydd, hwyl am y tro!

Mawrth 2018

"Brrrrrrr" sydd orau i ddisgrifio'r hin ar hyn o bryd – mae'r holl law wedi cilio ond fel dywed y Sais "be careful what you wish for" gan fod y borfa wedi diflannu o dan flanced o rew. Er y boreau rhewllyd, braf yw gweld yr haul sy'n gwneud i bopeth edrych yn well a'r problemau dyddiol yn haws i'w datrys.

Mis byr a chyflym yw Chwefror efo prysurdeb y paratoi am yr wyna yn cynyddu'n ddyddiol. Mae'r ŵyn cyntaf i fod i gyrraedd wythnos nesaf ac mae'r paratoadau munud olaf yn golygu bod y diwrnodau'n ymestyn mewn mwy nag un ffordd. Fel esboniodd Alwyn ar y rhaglen wych, *Cynefin*, mae llosgi'r gannwyll yn y ddau ben yn bosib!

Iechyd y defaid sydd wedi cael y prif sylw'r mis yma gan geisio datrys pam fod rhai defaid yn parhau'n deneuach er cael yr un sylw a thriniaeth â'r gweddill. Daeth y milfeddyg yma i brofi'r defaid cyn cael dos lladd ffliwc ac yna bythefnos yn ddiweddarach, a darganfuwyd bod gan y defaid ymwrthedd i Triclabendazole, sef y cynhwysydd gweithredol yn Fasinex, Tribex a Triclamox. O ganlyniad bydd yn rhaid i ni ailystyried ein rhaglen ffliwcio trwy ddefnyddio Flukiver, Trodax a Levafas Diamond sydd â chynhwysion gweithredol gwahanol, ac er mor annymunol oedd y canlyniad mae darganfod bod gwrthiant yn gam pwysig i sicrhau iechyd y ddiadell.

Afiechyd arall sydd wedi dod i'r amlwg fis yma yw OPA (Ovine Pulmonary Adenocarcinoma) neu Jaagsiekte sy'n ymosod ar ysgyfaint y ddafad gan greu cornwydydd neu 'abscess'. Nid hawdd yw profi am yr afiechyd ac nid oes gwella iddo felly un o'r ffyrdd mwyaf effeithiol o'i gadw o'r ddiadell yw cael diadell gaeedig gan fod OPA yn amlwg iawn yng ngogledd Lloegr a'r Alban. Un o'r prif symptomau yw bod y ddafad allan o wynt ac yn arafach na gweddill y 'mob'. Am fwy o wybodaeth, gwglwch 'OPA Sheep' neu trafodwch efo'ch milfeddyg.

Mae'r gwartheg i gyd wedi cael eu holl frechiadau a'u bolws 'trace elements' cyn lloio ac efo'r gwartheg mewn graen da, a finnau'n cadw llygad barcud ar y silwair, mae eu deiet presennol yn cynnwys gwellt a silwair 50:50 ac ychydig o 'molasses'. Yn anffodus efo pris gwellt wedi cyrraedd £130 y dunnell mewn llawer o ardaloedd, nid yw bwydo gwellt yn lleihau costau'r dogn. Bydd gwerthu'r gwartheg stôr 10 ac 11 mis oed ar y 27ain yn y Trallwng yn ysgafnhau'r gwaith a'r dibyniad ar y porthiant.

Ar yr 21ain cefais wahoddiad i fynychu cynhadledd flynyddol yr NFU yn Birmingham lle bu Michael Gove unwaith eto yn tanlinellu ei weledigaeth am "public funds for public goods". Erbyn hyn mae pwysigrwydd cynhyrchu bwyd yn amlwg ac mae cydnabyddiaeth o'r cydbwysedd pwysig sydd ei angen rhwng ein cyfrifoldebau amgylcheddol a'n cyfrifoldebau i amaethu a chynhyrchu bwyd. Gwleidydd galluog a chraff yw Michael Gove wrth gwrs, ond credaf fod ganddo ddealltwriaeth gadarn o'r anghenion sylfaenol ac o bwysigrwydd amaethyddiaeth i'r wlad, sy'n fwy nag y medraf ddweud am David Drew, cynrychiolydd y blaid Lafur, wrth iddo geisio cyflwyno eu gweledigaeth (neu eu diffyg gweledigaeth) i'r gynulleidfa! Yn y cyfarfod blynyddol yn dilyn y gynhadledd, yn haeddiannol iawn, fe benodwyd Minette Batters yn Llywydd ar yr Undeb, gan greu hanes trwy fod y ferch gyntaf erioed i gael ei hethol i'r swydd.

Trist yw darllen am y sefyllfa sy'n datblygu yn Ne Affrica efo'r Arlywydd newydd Cyril Ramaphosa yn cyhoeddi y bydd tir y ffermwyr ‘gwyn’ yn cael ei ddychwelyd i’w bobol heb iawndal. Trychineb i’r wlad fyddai gweld hanes yn ailadrodd ei hun gan arwain at ganlyniadau annymunol fel y bu yn Zimbabwe.

Llongyfarchiadau mawr i Arwel, Dyffryn ar gael y fraint o ddyfarnu’r gwartheg Charolais Prydeinig yn Stirling yn ddiweddar efo’r sêl yn cael ei chydnabod fel y prif arwerthiant i’r brid yn y wlad. Ar ôl pedair awr a mwy o ddadansoddi, ystyried a beirniadu manwl rhoddodd Arwel wobr y Prif Bencampwr i darw o Balthayock. Gwerthodd y tarw am bris uchaf y dydd o 46,000gns gan gadarnhau penderfyniad profiadol Arwel. Da iawn ti, Arwel.

Llongyfarchiadau hefyd i CFfI Dyffryn Banw ar eu pantomeim ‘Seibarela’ a ddaeth yn ail i Fro Ddyfi yng nghystadleuaeth y sir yn ddiweddar. Bu canmoliaeth mawr i’r sgript wych a gwreiddiol gan y beirniad ac roedd hi’n amlwg bod y criw ifanc i gyd wedi mwynhau perfformio yn Theatr Hafren.

Mae Mari Sychtyn yn aelod o’r criw ffres a fydd yn cyflwyno ar gyfres newydd o *Cefn Gwlad* sy’n dechrau nos Fawrth. Llongyfarchiadau ac edrychaf ymlaen at dy weld yn cael y cyfle i amlygu dy ddoniau amaethyddol ar y sgrin! Pob lwc Mari.

Hwn oedd y mis sychaf i’r mwyafrif:

- Cannon 144mm neu 5.7 modfedd
- Dolmaen 134mm neu 5.3 modfedd
- Llanerfyl 97mm neu 3.8 modfedd
- Llanfihangel 60mm neu 2.4 modfedd
- Adfa 55mm neu 2.2 modfedd
- Llanfair Caereinion 54mm neu 2.1 modfedd

Mwynhewch yr wyna a hwyl am y tro!

Ebrill 2018

Am dywydd! ‘Beast from the East’, yna’r ‘Mini beast from the East’ a nawr y ‘Beast from the East rhan tri!’ Un peth sy’n siŵr, does dim y fath beth â thymor arferol i’w gael erbyn hyn ond boed yn wynt neu’n law (neu’n eira) mae’r defaid yn parhau i wyna. Er bod y diwrnodau’n ymestyn a’r cloc wedi neidio ymlaen awr, araf iawn yw tyfiant y borfa a dim ond mentro’n ofalus bach y mae’r cennin Pedr, sy’n dweud llawer am dymheredd y ddaear a’r diffyg haul.

Y defaid sydd wedi cael y sylw i gyd y mis yma. Mae'r wyna wedi bod yn *steady* – does dim prysurdeb mawr wedi bod hyd yn hyn. Rydym ni tua hanner ffordd ac mae popeth yn foddhaol, heblaw am ambell i lawes goch (tua 2%) ac ambell i ddafad â phwrs isel di-siâp neu dethau gwyntog sy'n gofyn am amynedd ac amser i gael yr ŵyn i sugno. Dad ydy'r arbenigwr ar gael ŵyn i sugno ond ac yntau'n 'house-bound' mae'r cyfrifoldeb wedi cael ei basio ymlaen i rai llai amyneddgar! Mae pob dafad â phwrs neu dethau di-siâp yn cael 'slaughter tag' yn ei chlust eleni i sicrhau na fyddaf yn gorfod eistedd ar fy mhen-ôl mewn corlan ganol nos yn trio annog oen i sugno eto'r flwyddyn nesaf!

Fel ffarm arddangos Cyswllt Ffermio rydym yn ceisio lleihau ein defnydd o wrthfiotigau (GF), ac felly wrth farcio'r ŵyn mae pob oen cryf yn cael smotyn ar ei ysgwydd i nodi na chafodd GF, ac yna mae pob oen sydd ychydig yn ysgafnach, efo bogel gwlyb, mam denau neu'n un o triplets, yn parhau i gael 0.5ml o Bimoxyl LA (penisilin). Colostrwm da a digon ohono ydy'r gyfrinach yn fy marn i, ac fel rhan o'r prosiect mae rhai o'r ŵyn wedi bod yn cael eu pwyso ers eu geni gan nodi cyflwr y ddafad (body condition scoring) ynghyd ag unrhyw sylwadau eraill. (Y cyfanswm uchaf a gafwyd o un o'r ŵyn hyn hyd yn hyn yw 16.25kg – oen sy'n un o triplets.) Yna ymhen 2–5 diwrnod daeth y milfeddyg i gymryd gwaed o'r

RCC
Run the Woods

ŵyn er mwyn asesu pa mor dda oedd y colostrwm a'r immunoglobulin wedi trosglwyddo iddynt. Roedd y canlyniadau yn dda efo'r lefelau yng ngwaed yr ŵyn yn uchel sy'n cadarnhau bod ansawdd colostrwm y defaid yn dda.

Mae'r defaid i gyd o dan do erbyn hyn, heblaw am 120 o ŵyn benyw cyfeb sy'n hapus yn pori 'stubble turnips' ym Mronymaen efo Jonathan Wilkinson.

Balch iawn oeddem fod y gwartheg stôr wedi cael eu gwerthu cyn yr eira yn enwedig gan fod y prisiau'n bodloni. Gwerthwyd y 61 (40 tarw a 21 heffer) i gyd i'r un dyn ar gyfartaledd o 409kg – roedd eu hoedran yn amrywio o 9 mis i 10.5 mis. Mae hi bron iawn yn amhosib cael digon o le adeg yr wyna, yn enwedig pan fo'r 'Bwystfil' yn chwythu. Mae'r gwartheg yn dechrau altro a phyrsu ac rydym yn disgwyl y lloi cyntaf ymhen tua deg diwrnod.

Nid y tywydd oedd yr unig 'Beast from the East' ym mis Mawrth efo Mafia Putin yn cael rheoli am chwe blynedd arall wedi'r 'etholiad' a Skripal a'i ferch yn cael blas o'i rym yn Salisbury. I fi mae'r sefyllfa yn tanlinellu pa mor fregus yw llawer o wledydd y byd a pha mor bwysig yw sicrwydd bwyd (food security) yn y blynyddoedd i ddod. Ni fedrwn bellach ddibynnu ar fewnforio ein bwyd yn rhad o wledydd tramor, ac fel y gwelwyd efo'r eira mawr ddechrau'r mis, buan iawn y gwagiodd silffoedd yr archfarchnadoedd a chreu pryder. Yng nghanol oriau hir, diddiwedd yr wyna mae hi'n sicr yn gysur bod angen bwyd ar y wlad, a bod marchnad ar gyfer ein cynnyrch.

Mesuriadau glaw mis Mawrth:

- Dolmaen 130mm 5.1 modfedd
- Llanfihangel 122mm 4.8 modfedd
- Adfa 97mm 3.8 modfedd
- Llanfair 83mm 3.3 modfedd
- Llanerfyl 80mm 3.1 modfedd

Os oes angen oen swci arnoch yna cofiwch alw draw! Gan obeithio am gynhesrwydd, hwyl am y tro!

Mai 2018

Efo chwe dafad ar ôl i wyna mae'n saff dweud bod wyna 2018 wedi dod i ben ac mae hi'n sicr wedi bod yn dymor hir, anodd a blinedig – yn fythgofiadwy am y rhesymau anghywir!

Dechreuodd Ebrill yn garped trwchus o eira gwlyb annymunol iawn, ac er iddo ddiflannu yn sydyn roedd y caeau, y defaid a'r ŵyn yn oer ac yn wlyb soc. Yna ymhen pythefnos cawsom y diwrnod poethaf ym mis Ebrill

Sion a Thomos yn ffidio

ers 1949 a oedd yn fendith i enaid pob dyn ac anifail – er pe bai modd dewis y tymheredd byddai cael tywydd arferol yn llawer mwy derbyniol na'r eithafol!

O ganlyniad i'r tywydd diflas ac ambell i ffactor arall, mae joint ill wedi amlygu ei hun yn fwy eleni, efo'r haint creulon a phoenus yn difetha'r ŵyn druan heb gyffur effeithiol i'w gwella. Diddorol yw trafod y mater efo ffermwyr eraill hefyd – mae rhai yn cael trafferth sylweddol efo joint ill ac eraill byth yn ei gael, ac mae gan bawb eu syniadau gwahanol ynglŷn â gwraidd y broblem a sut i'w atal.

Fel y soniais rai misoedd yn ôl, trwy Cyswllt Ffermio rydym wedi bod yn ceisio lleihau'r defnydd o wrthfiotigau adeg yr wyna. Nid hon oedd y flwyddyn orau i geisio gwneud hyn ac rwy'n amheus iawn o'r canlyniadau. Mae defnyddio gwrthfiotigau yn rhan hanfodol bwysig o gadw anifeiliaid, i arbed dioddef a salwch, ond wrth gwrs mae hi'n bwysig eu defnyddio'n gyfrifol, a dyna yw'r sialens – beth yw 'cyfrifol'? Er mwyn ceisio mesur ac asesu siawns yr ŵyn o gael haint, fe fuom yn edrych ar ansawdd colostrwm y defaid ac hefyd ar lefelau'r immunoglobulins (y stwff pwysig!) oedd yn cael ei drosglwyddo i'r ŵyn ar ôl iddynt sugno. Fe wnaeth y profion gwaed ar yr ŵyn (2–3 diwrnod oed) ddatgelu gwraidd llawer o'r problemau sy'n gysylltiedig ag iechyd yr ŵyn, a gwelwyd bod lefelau isel iawn o immunoglobulins yn yr ŵyn oedd yn cael eu magu gan ddefaid tenau a defaid cloff. Felly, er i mi fethu lleihau ein defnydd o wrthfiotigau eleni mae darganfod gwir wraidd llawer o'r problemau wedi bod yn gam adeiladol iawn ar gyfer y dyfodol.

Mae'r lloio yn 'full-swing' efo dros 80 o loi wedi cael eu geni dros y tair wythnos diwethaf ac yn weddol ddiffwdan ar y cyfan – diolch fod y tywydd yn gwella i fedru eu troi allan. Un o'r anawsterau adeg lloio ydy gwartheg efo tethi a 'phyrsus' di-siâp, sy'n creu gwaith ac amser os nad yw'r llo yn gallu meistroli sut i sugno, ac felly braf oedd gweld yr heffrod Angus Americanaidd yn lloio efo 'pyrsus' perffaith. Mae bridio ar gyfer y rhinweddau yma a chywirdeb yn bwysig iawn yn America ac Awstralia, am resymau amlwg, ond yn anffodus ychydig iawn o sylw a phwysigrwydd sy'n cael ei roi iddo o fewn bridio pedigri yma ym Mhrydain. Mae bridio gwartheg yn fuddsoddiad tymor hir gan fod penderfyniadau heddiw yn gallu cael effaith ar eich buches am y ddeg mlynedd nesaf, ac felly pwysig iawn yw canolbwyntio ar gywirdeb a rhinweddau mamol.

Cawsom ddau ymwelydd diddorol o'r Swistir yn aros yma ddechrau'r mis sef Christian oedd yn gweithio i Adran Ymchwil y Llywodraeth a

Fabien oedd yn ffermwraig defaid. Diddorol oedd dysgu mwy am y wlad a thrafod eu systemau a'u polisïau gan nad ydynt yn rhan o'r Undeb Ewropeaidd.

Mae llawer o gefnogaeth i amaethyddiaeth yn y Swistir ac mae pwyslais cryf ar yr amgylchedd a chynnal y ddelwedd o fynyddoedd a llethrau glas llawn blodau sy'n cael eu pori gan wartheg efo'u clychau. Mae cryfder y diwydiant amaeth yn cael effaith sylweddol ar bris tir efo tir mynyddog, tebyg i'r ardal hon, yn gwerthu am £30,000/ha a'u tiroedd gorau i dyfu llysiau yn gwerthu am hyd at £100,000/ha! Nid hawdd yw gwneud bywoliaeth yno heb gymorthdaliadau er bod eu hŵyn nhw'n gwerthu am dros £200 y pen. Pwrpas yr ymweliad oedd gweld systemau defaid yng Nghymru a sut i ddatblygu eu diwydiant yn y Swistir – 23 dafad ydy maint diadell yno ar gyfartaledd! Diddorol iawn bob amser yw cael cyfle i sgwrsio efo ffermwyr o wledydd tramor, ac mae gennym lawer i ddysgu ganddynt.

Carol, Catrin, Richard ac Arwyn wedi gwisgo'n ddi-chwaeth ar gyfer y briodas ffug!

Cawsom ddiwrnod hwyliog dros ben yn dathlu priodas David Oliver a Sara Thomas yn Nhrefeglwys yn ddiweddar. I chi sy'n edmygwyr o David, peidiwch â phoeni gan mai priodas ffug oedd hon i hel arian at ymgyrch Sir Drefaldwyn i noddi'r Sioe Frenhinol eleni yn ogystal â Children with Cancer UK. Efo'r seremoni yn Eglwys Trefeglwys a dros 200 o westeion cafwyd llawer o sbort yn dathlu mewn steil ar y thema 'Bad Taste'.

Yn anffodus mae Sion yn ein gadael ar ôl tair blynedd yma ac yn symud draw i Langedwyn i weithio efo Eifion a Delyth, Cil Mawr. Hoffwn ddiolch iddo am ei holl ymroddiad dros y blynyddoedd diwethaf a dymunwn y gorau iddo yn ei waith newydd. Mae croeso cynnes iddo yn Llysun bob amser.

Cofiwch lenwi eich cais Taliad Sengl erbyn y 15fed a hefyd rwy'n eich annog i fanteisio'n llawn ar y cymorth sydd ar gael drwy Cyswllt Ffermio – mae hyd at 80% i'w gael i gefnogi eich busnesau. Mae £6,000 wedi cael ei glustnodi ar gyfer pob busnes sydd wedi cofrestru efo Cyswllt Ffermio a gan nad oes sicrwydd y bydd cymorth ar gael yn y dyfodol, nawr yw'r amser i holi.

Mi fydd diwrnod Tir Glas Sioe Frenhinol Cymru yn cael ei gynnal ar ffarm Martin Evans, Carnbwll, Four Crosses dydd Mercher yr 16eg o Fai. Dewch i fwynhau, i gefnogi, ac i weld peiriannau a thechnegau diweddaraf Tir Glas a llu o stondinau.

Mesuriadau glaw mis Ebrill:

- Dolmaen — 164mm neu 6.5 modfedd
- Cannon — 147mm neu 5.8 modfedd
- Adfa — 117mm neu 4.6 modfedd
- Llanfair Caereinion — 96mm neu 3.8 modfedd
- Llanfihangel — 88mm neu 3.5 modfedd
- Llanerfyl — 82mm neu 3.2 modfedd

Hwyl am y tro!

Mehefin 2018

Am fis hyfryd o dywydd braf a phawb wedi anghofio am y gwanwyn hwyr a diflas. Torrwyd record ar ddydd Llun Gŵyl y Banc am dymheredd uchel ac mae'r haul wedi tywynnu'n braf bron iawn bob dydd ers hynny, sydd wedi peri i ambell i ffarmwr ddechrau gweddïo am law! Mis prysur yw Mai bob amser efo popeth yn galw. Wedi dweud hynny, dyma fi'n ysgrifennu'r erthygl yma o'r Iseldiroedd! Dwi wedi llwyddo i ddianc am ychydig ddyddiau i geisio ychwanegu mwy at yr ysgoloriaeth Nuffield.

Rwyf yma yn yr Iseldiroedd yn edrych ar eu priddoedd mawn am dridiau cyn hedfan ymlaen i Helsinki a'r Ffindir am bum diwrnod i ddysgu mwy am sut i dyfu porfa mewn ardal llawer mwy anffafriol nag adref. Caf gyfle i adrodd am fy nhaith fis nesaf.

Alwyn Melingrug, John Cowny a Wyn Williams yn cneifio

Dechreuodd y mis fel yr arfer drwy anfon y defaid a'r ŵyn i'r mynydd a chadw'r caeau ar gyfer silwair. Cafodd mwyafrif y caeau digestate gan Edward Sychtyn ac yntau yn cario slyri yn ôl yn ei le. Mae dadansoddiad y digestate yn wych ac mae lefelau uchel o botash, nitrogen a hefyd sylffwr yn ei wneud yn ddelfrydol i gaeau silwair.

Mae'r ŵyn i gyd wedi cael eu 'gweithio' efo'r cyfrif yn is na'r disgwyl yn ôl y ffigurau sganio ond yn adlewyrchu effaith y tywydd dros gyfnod yr wyna. Wedi dweud hynny, mae'r tywydd braf wedi rhoi hwb mawr i'r ŵyn ac mae popeth yn tyfu'n dda ac yn altro. Gobeithio y bydd prisiau'r ŵyn yn parhau'n dda pan ddaw'n amser gwerthu. Mae'r tywydd braf hefyd wedi ein galluogi ni i ddechrau cneifio sy'n fendith i arbed y defaid rhag mynd ar eu cefnau – annifyr a thrist yw gweld dafad iach, gryf wedi marw ar ei chefn.

Y gwartheg ar eu ffordd i'r mynydd

Mae'r lloi wedi cael eu 'dihornio' a'u 'naddu' ac wedi gwneud eu ffordd i fyny i'r mynydd am yr haf, ond dim cyn cael prawf TB arall ar y fuches gyfan. Cafwyd prawf clir eto ond roedd yn ddiwrnod pryderus fel yr arfer – i ni ac i'r gwartheg. Gwerthwyd y diwethaf o loi'r llynedd yn y sêl 'stores' yn y Trallwng yn ddiweddar ar ôl penderfynu peidio â phori'r gwartheg biff ifanc eleni. Mae prisiau gwartheg stôr wedi bod yn dda hyd yn hyn a gobeithio y bydd elw i'r prynwyr yn ogystal.

Cafwyd diwrnod Tir Glas llwyddiannus i'r Sioe Fawr yn Four Crosses efo Martin Evans, ac roedd pob math o beiriannau yn cael eu harddangos yno. Mae'r offer i gyd yn mynd yn fwy ac yn fwy ar gyfer contractwyr a dim ond ychydig iawn o beiriannau bach ar gyfer ffermwyr sydd i'w gweld yn unman. Yn ystod y diwrnod, bu Hybu Cig Cymru yn cynnal sesiynau arbennig gan ganolbwyntio ar sut i wneud y defnydd gorau o borfa, ac yn dilyn ei ysgoloriaeth i Seland Newydd bu Thomos Goetre yn rhoi cyflwyniad ar Techno-grazing efo ffens electrig a pha mor addas ydoedd i Gymru.

Er i mi fethu'r cyflwyniad roedd canmol mawr iddo ac efo'r ceisiadau ar gyfer ysgoloriaeth HCC 2018 ar agor roedd Thomos yn annog eraill i fanteisio ar y cyfle. Mae cyfnod ar ben yma efo Morgan wedi cael ei ddiwrnod olaf yn yr ysgol uwchradd a dim ond dau arholiad sydd ganddo ar ôl hanner tymor – i ble mae'r amser a'r blynyddoedd yn diflannu? Mae'n debyg bod cysur i'w gael yn y dywediad "time flies when you're having fun"!

Hwyl am y tro o'r Iseldiroedd!

Gorffennaf 2018

"Gwych os daw peth yn sych a pheth yn law" meddai'r dywediad yn fy nyddiadur am fis Mehefin ac efo'r holl dywydd bendigedig a'r diwrnodau hir diddiwedd o haul, mae dywediad L. M. Montogomery yn addas iawn, "I wonder what it would be like to live in a world where it was always June".

Felly hefyd oedd y tywydd yn y Ffindir 'nôl ar ddechrau'r mis – doedd neb yno yn cofio cyfnod o sychder tebyg o'r blaen ac roedd pawb yn pryderu'n fawr am y porthiant ar gyfer y gaeaf i ddod gan fod y cnydau 40% yn llai nag arfer. Cefais gwmni John Yeomans ar fy nhaith i'r Ffindir a chawsom ein synnu gan eu gallu i dyfu porfa mewn amgylchedd ddigon anodd. Dim ond pum mis o dymor tyfu sy'n bosib yn ne'r Ffindir ac mae'n angenrheidiol eu bod yn tyfu digon o borthiant yn y cyfnod yma gan fod eu gaeafau yn hir a thywyll. Yn nyfnder y gaeaf dim ond ychydig oriau o oleuni a gânt, ond erbyn canol mis Mehefin mae'r ddysgl wedi troi a dim ond ychydig oriau o nos a gânt – syndod mawr oedd gadael noson werinol o ddawnsio a chymdeithasu toc wedi hanner nos a hithau'n berffaith olau!

Trafod porfa a phridd yng nghwmni gwartheg Henffordd yn y Ffindir!

Y Ffindir yw'r wythfed wlad fwyaf yn Ewrop ond dim ond 5.5 miliwn yw ei phoblogaeth sy'n golygu mai hon yw'r wlad â'r dwyster lleiaf o bobl. Mae 75% o'r wlad o dan goedwig, mae yno 188,000 o lynnoedd a dim ond 7% o'r tir sy'n cael ei ddefnyddio ar gyfer amaethyddiaeth – 44ha yw maint ffarm gyffredin ar gyfartaledd ac mae'r mwyafrif yn godro.

Gan ei bod yn cael cymorthdaliadau hael iawn o 400 ewro/ha mae'r diwydiant amaeth wedi buddsoddi'n sylweddol mewn technoleg ac wedi awtomeiddio lle bo modd. Un o'r esiamplau gorau o hyn ydy'r peiriannau godro robotig a ddefnyddir ar lawer o'u ffermydd llaeth.

I mi, oherwydd testun fy ysgoloriaeth Nuffield, diddorol iawn oedd gweld bod eu holl drafodaethau ynglŷn â pherfformiad eu ffermydd yn dechrau drwy ganolbwyntio ar y pridd. Clywsom sut mae agwedd llawer o'r ffermwyr wedi newid o "Grass is just grass" i "Grass is King"!

Wedi dychwelyd adref doedd dim amser i feddwl am fy nhaith gan fod y silwair a'r cneifio a chant a mil o bethau eraill angen sylw, sy'n nodweddiadol o bob Mehefin. Ond efo'r tywydd braf mae llawer o bethau wedi cael eu ticio oddi ar y 'to-do list' ar y bwrdd gwyn yn y 'Chapel of Rest' (y cwt coffi!), ond fel oedd un peth yn diflannu oddi ar y rhestr, roedd Thomos yn ychwanegu rhywbeth arall yn ei le!

Mae dau lwyth o ŵyn tua 12 wythnos oed wedi cael eu gwerthu efo'r llwyth cyntaf yn cyfartalu 18.5kg (efeilliaid i gyd) a'r ail lwyth o singles yn cyfartalu 19.5kg a hynny heb ddwysfwyd – clod i'r haul a'r tywydd braf. Pe bai pob oen yn perfformio cystal byddai'r swydd yn llawer haws!

Trwy Cyswllt Ffermio rydym yn treialu Calcifert ar wahanol gaeau i weld pa mor effeithiol ydyw am gywiro lefelau calch, sylffwr a hefyd boron a sinc. Mae'r cyfan yn medru cael ei chwalu trwy 'spinner' gwrtaith a'r costau yn gymharol debyg i chwalu calch cyffredin. Mae un dunnell o galch i'r acer yn codi pH y ddaear 0.2 ac felly os yw eich profion pridd yn dangos pH o 5.4 mae angen pum tunnell yr acer i gywiro'r diffyg ac i gyrraedd y pH delfrydol o 6.4. Y cyngor yw peidio â rhoi mwy na 2.5 tunnell ar y tro wrth gwrs. Fe ddangosodd treialon ac ymchwil gan Teagasc yn yr Iwerddon bod bob £1 sy'n cael ei wario ar galch yn rhoi £7 yn ôl i'r ffarmwr yn y diwedd – "No-brainer" fel dywed y Sais!

Ar ôl 'tidy-up' go iawn, cynhaliwyd Cyfarfod Cyffredinol Blynyddol Sioe Frenhinol Cymru yma yn Llysun ar yr 21ain ac roedd hi'n braf cael

Cymerwch y straen... 'Cogie' cryf CFfI Dyffryn Banw a wnaeth ennill y gystadleuaeth tynnu rhaff i rai iau.

croesawu ffermwyr ac aelodau ar hyd a lled y wlad yma. I ddilyn cawsom noson wych yng nghwmni Caset, Frozen Cabin a Max Boyce, a braf oedd gweld bechgyn Gardden yn mwynhau perfformio gyda'u cartref yn cynnig cefndir perffaith i'r llwyfan. Diolch i bawb am gefnogi a sicrhau noson lwyddiannus dros ben i'r Sioe ac i Apêl Canser Lingen Davies.

O ran y glaw fis Mehefin, 5mm yn unig a gafwyd yn Llanfihangel,10mm yn Llanerfyl a 34mm yn Nolmaen. Felly unwaith y bydd pawb wedi dod i ben â'r cneifio a'r cynhaeaf fe weddïwn am ychydig o law! Am wahaniaeth mewn ychydig o fisoedd.

Pob lwc i fechgyn ifanc Clwb Ffermwyr Ifanc Dyffryn Banw yn y gystadleuaeth Tynnu Rhaff yn y Sioe Frenhinol fis Gorffennaf.

Hwyl am y tro!

Awst a Medi 2018

Mae hi'n sych! Mae'n debyg wrth ystyried haf 2017 a 2018 ar gyfartaledd fe fyddai'n edrych yn berffaith, ond nid hawdd yw ceisio amaethu mewn tywydd eithafol. Er hynny, braf yw codi bob bore i'r haul a medru gadael y bŵts gwaith tu allan ar stepen y drws! Yn anffodus nid yw'r dywediad yn fy nyddiadur yn cynnig llawer o obaith i'r tywydd sych presennol, "Llwm a thlawd ar gyfer y gaeaf yw haid o wenyn yng Ngorffennaf", ac rwyf wedi gweld o leiaf tair haid yn barod.

Felly hefyd oedd y tywydd yn Sweden pan es i yno ddechrau'r mis ar daith efo ysgoloriaeth Nuffield. Yr ôl yr ystadegwyr tywydd, dim ond mewn "three years in a million" mae sychder fel hyn yn digwydd ac felly mae'n rhywbeth anghyffredin iawn. Er iddynt gael cyfnodau sych yn aml, pur anaml maen nhw'n cael y fath wres efo'r sychder. Fel yng Nghymru, roedd pryder mawr am y cnydau a phosibilrwydd nad oedden nhw'n mynd i lwyddo i'w gynaeafu, a fyddai'n cael effaith andwyol ar borthiant y gaeaf.

Pwrpas y trip oedd cael gweld systemau ac agwedd ffermwyr tuag at gynaliadwyaeth (sustainability) – gair sy'n cael ei ddefnyddio'n aml ond nid yn cael ei ddiffinio. Yn ystod fy nheithiau rwyf wedi ymweld â sawl ffarmwr sy'n ymarfer 'holistic management' ac yn ceisio ffermio gyda natur gan gydbwyso ffactorau amgylcheddol, cymdeithasol ac economaidd. Cynllunio ar gyfer y dyfodol hir dymor yw'r bwriad yn hytrach nag edrych ar y dull gorau o wneud arian heddiw, ac felly mae'n system llawer llai dwys. Rwyf yn edmygu'r amaethwyr hyn yn fawr gan eu bod yn fodlon ffermio'n groes i'r gyfundrefn a gweithio ar weledigaeth hir dymor. Un peth yn sicr, ar bob fferm holistig yr ymwelais â hi, roedd anifeiliaid yn bwysig i'w system, a'u rôl yn hanfodol er mwyn cynnal ffrwythlondeb y ddaear.

Ar ben arall y sbectrwm, ymwelais â'r ffarm odro fwyaf yn Sweden. Er eu bod yn organig ar hyn o bryd, eu bwriad ydy dychwelyd at system gonfensiynol o ffermio dros y misoedd nesaf, gan fod y farchnad organig yn Sweden wedi arafu ac oherwydd rheolau llym a safonau uchel ffermio organig, er enghraifft, mae gwartheg godro yn gorfod pori am o leiaf tri mis y flwyddyn.

Wyth ffarmwr tir âr ddaeth at ei gilydd i sefydlu'r ffarm yn newydd sbon er mwyn cael tail a slyri ar y tir âr a chywiro a gwella eu priddoedd blinedig a gwael. Yn sicr, fel ffermwyr gwartheg a defaid nid ydym yn gwerthfawrogi pwysigrwydd a gwerth tail a slyri, a'r effaith bositif mae'n ei gael ar ein daear.

I orffen cefais ymweliad ag Oatly! sef cwmni sy'n cynhyrchu 'llaeth' o geirch. Mae'r cwmni wedi tyfu a datblygu'n gyflym efo'u cynnyrch i'w weld ar silffoedd archfarchnadoedd Prydain a ledled y byd. Mae tyfiant o 40% wedi bod dros y flwyddyn ddiwethaf a hyn i gyd yn deillio o'r cynnydd ym mhoblogrwydd feganiaeth. "100% Vegan" oedd yr honiadau ond wrth gwestiynu mwy am ffynonellau eu ceirch roedd hi'n amlwg nad oedd sail i'w honiadau, ond pa figan fyddai'n cwestiynu cwmni a oedd yn annog eu meddylfryd?!

Tra roeddwn yn Sweden roedd y wlad yn wynebu Mexico ym mhencampwriaeth Cwpan y Byd ac roedd yn rhaid ennill er mwyn cyrraedd y rowndiau olaf. Gorfoledd a dathlu mawr a gafwyd ar ôl i Sweden ennill 3-0 a daeth y wlad i stop. "Sleepy Sweden" oeddwn i'n galw'r wlad gan nad oedd brys ar neb ac felly'n sicr oedd hi'r bore ar ôl y gêm – roedd y ffyrdd yn dawel a doedd neb o gwmpas!

Cawsom gwmni Casimir, bachgen 16 oed o'r Swistir, am dair wythnos oedd wedi dod i Gymru i ddysgu a pherffeithio ei Saesneg. Er na fu erioed ar ffarm o'r blaen cafodd hwyl a chyfle i ddysgu ychydig am fyd amaeth wrth helpu Thomos a Morgan ddipio'r ŵyn a gwneud pob math o dasgau eraill. Er iddo ddysgu ychydig am ddefaid a gloywi ei iaith Saesneg, cafodd hefyd gyfle i ddysgu ambell i air Cymraeg (ac nid rhegfeydd i gyd!) felly amser a ddengys os mai'r Swistir fydd y Patagonia newydd!

Mae'r ŵyn i gyd wedi cael eu dyfnu erbyn hyn a chafodd tua chwarter o'r ŵyn eu gwerthu cyn eu dyfnu. Mae pob un geg yn llai i fwydo yn help yn y sychder ac efo'r prisiau yn disgyn i lefelau is na llynedd rwy'n falch iawn bod yr ŵyn a rhai o'r hen ddefaid wedi mynd.

Ers i Morgan droi yn 16 oed roedd yn ysu am drwydded i yrru tractor, ac yn dilyn prawf llwyddiannus y mae fel ci â dau asgwrn ac yn mwynhau ei ryddid. Nid oedd llawer o ddiddordeb ganddo ymuno â ni yn y car ar gyfer Helfa Drysor Eisteddfod Powys ond roedd yn awyddus iawn pan roddwyd caniatâd iddo gystadlu yn y tractor! Diolch gyda llaw i Lloyd a Janet am baratoi prynhawn difyr dros ben gyda phawb wedi archwilio pob modfedd o bob clawdd yn yr ardal!

Mae'r gwyddau bach wedi cyrraedd o'r diwedd efo tywydd oer y gwanwyn wedi gohirio'r tymor magu ac felly mae'r cywion yn ddau fis yn hwyrach yn cyrraedd. Mae'r 38 wedi ymgartrefu'n dda ac yn tyfu, tyfu, tyfu bob diwrnod. Archebwch eich gŵydd yn fuan!

Yn ystod yr wythnosau diwethaf rwyf wedi gorfod canolbwyntio ar ysgrifennu fy adroddiad Nuffield gan fod y dyddiad cau yn agosáu'n gyflym. Mae ysgrifennu erthygl y *Plu* yn gymharol hawdd o'i gymharu ag

Llywyddion y Sioe a'r teulu

adroddiad Nuffield ac mae bwrdd y gegin o'r golwg o dan bentwr o nodiadau, dogfennau a llyfrau. Mae'r adroddiad fel un jig-so mawr ac er bod y darnau i gyd yno o fy mlaen, mae'n amhosib eu rhoi yn eu lle ac mae'r llun cyfan yn anodd iawn i'w weld ar hyn o bryd. Felly dyfal donc a chanolbwyntio dwys amdani.

Mae'r erthygl hon yn cael ei hysgrifennu ar faes y Sioe Fawr yn Llanelwedd, efo'r teulu oll yn edrych ymlaen at gefnogi Dad yn ei rôl fel Llywydd y Sioe. Mae tîm gweithgar Sir Drefaldwyn wedi bod yn wych yn codi arian ac yn cefnogi holl weithgareddau'r flwyddyn ac edrychwn ymlaen at hyrwyddo'r sir a dathlu'r achlysur.

Cafodd Dad newyddion positif yn ystod yr wythnos yn dilyn ei sgan diwethaf sydd wedi rhoi hwb mawr iddo wrth baratoi ac edrych ymlaen at ei ddyletswyddau wythnos y sioe.

Mwynhewch weddill yr haf a hwyl am y tro!

Hydref 2018

Wedi mis o seibiant mae hi'n amser unwaith eto i'ch diweddaru chi am ddigwyddiadau'r byd amaeth ac am y digwyddiadau yma yn Llysun. Am haf bendigedig a gawsom ac er bod y borfa wedi sychu'n grimp a'r cynhaeaf yn ysgafnach nag arfer, braf yw cael cyfnod sefydlog o haf poeth i 're-chargio'r' batris cyn i'r hydref a'r gaeaf ddychwelyd.

Cawsom ail doriad 'nôl ar ddechrau mis Awst ond wrth gwrs siomedig iawn oedd y cyfanswm – rydym wedi cael mwy o laswellt yn yr ardd yn y gorffennol na'r cnwd hwn! Casglwyd 33 llwyth trelar o 75 acer sy'n tanlinellu effaith y tywydd sych (fel arfer rydym yn cael tua llwyth a hanner yr acer). Mae dau gae yn aros yn amyneddgar am dywydd sych unwaith yn rhagor er mwyn llenwi ychydig ar y pit, ond nid hawdd yw cael silwair adeg yma o'r flwyddyn gan fod y diwrnodau'n byrhau a'r ddaear yn llaith.

Er i mi beidio â sôn am y newidiadau sydd ar y gorwel yma yn Llysun yn erthyglau'r *Plu*, rwy'n siŵr fod llawer ohonoch wedi clywed si, neu wedi sylwi bod lloi ychydig yn wahanol i'r arfer yn pori'r caeau. Mae sefyllfa Brexit a dyfodol masnach ac allforio ein cynnyrch wedi sbarduno ychydig o newidiadau ar y fferm. Ar fy nheithiau Nuffield, rwyf wedi trafod ac ymweld â llawer o Wyddelod sydd wedi newid o gynhyrchu cig coch i odro, ac mae hyn wedi rhoi'r hyder i mi ddechrau sialens newydd sy'n ein cyffroi ni oll.

Cynhyrchu llaeth oddi ar borfa yw'r bwriad ac felly gwartheg Kiwi Cross sydd wedi cael eu dewis fel y fuches ddelfrydol sef buwch fach Friesian o Seland Newydd wedi'i chroesi â Jersey. Maent wedi cael eu magu i bori a chynhyrchu llaeth o ansawdd da, ac mae'r lloi cyntaf, gan Rhys Williams o Bentrefoelas, wedi ymgartrefu yma erbyn hyn.

Yn anffodus, er mwyn dechrau menter newydd mae'n rhaid dod â menter arall i ben, sy'n golygu y bydd y gwartheg sugno a'u lloi yn cael eu gwerthu. Wedi prawf TB clir yr wythnos yma, mae'r cynlluniau yn bwrw ymlaen ac arwerthiant wedi ei drefnu ar y 27ain o fis Hydref ym marchnad y Trallwng. Nid hawdd fydd ffarwelio â'r gwartheg a finnau'n eu hadnabod mor dda ac wedi buddsoddi cymaint o amser i'w datblygu i fod yn ffrwythlon, yn gynhyrchiol ac yn hawdd i'w trin – maent wedi rhoi cymaint o fwynhad i mi.

Mae llawer o'r haf wedi cael ei dreulio yn gweithio'r tir yng Nghyniwyll ac yn Sŵn yr Afon, efo gwaith ffensio, torri gwrychoedd, 'drenio', gwneud traciau ac ailhadu i gyd wedi cael blaenoriaeth ac wedi cymryd amser. Mae pleser mawr i'w gael wrth weld y tiroedd a'r caeau yn

Fferm Llysun

trawsnewid eu golwg a'r ŵyn yn pesgi wrth bori mewn gorfoledd o fwyd maethlon. Mae'r ŵyn wedi bod yn cael eu gwerthu'n rheolaidd drwy'r haf ac mae'r prisiau wedi bod yn gyson dda tan yn ddiweddar. Un peth sy'n sicr – pan fo oen yn dew mae'n rhaid ei werthu a does dim pwrpas dal gafael arno mewn gobaith o bris gwell! Mae tua 60% o'r ŵyn wedi mynd erbyn hyn ar gyfartaledd o 19.3kg.

Cawsom newyddion trist yng nghanol mis Awst sef bod Siani'r Beagle wedi marw ar ôl llawdriniaeth frys. Annisgwyl iawn oedd y newyddion ac roedd pawb yn gweld ei cholled. I geisio llenwi'r bwlch, croesawyd Beti i Frynllys ac i Lysun ac erbyn hyn mae'r gwagle ychydig yn llai a phob esgid a slipar wedi eu cnoi a'u rhwygo'n ddarnau!

Daeth tymor y sioeau i ben efo Sioe Llanfair. Roedd hi'n dywydd bendigedig a'r haul cynnes wedi sicrhau sioe lwyddiannus dros ben a phawb wedi mwynhau cymdeithasu ac ymlacio yn yr awyrgylch unigryw. Mae'r tîm sy'n gyfrifol am ei threfnu yn haeddu'r clod uchaf oherwydd heb eu hymroddiad hwy ni fyddai'r sioe yn bodoli. Rydym i gyd yn ddiolchgar iawn i chi oll.

Mae Morgan wedi dechrau yng ngholeg Reaseheath, ger Nantwich, yn dilyn ei TGAU ac yn treulio pedwar diwrnod yno cyn dychwelyd adref bob nos Iau. Cafodd bythefnos diddorol o brofiad godro yn Sir Gaerfyrddin 'nôl yng nghanol mis Awst, drwy gysylltiadau Catherine, ac mae wedi cael blas ar y godro (jyst cystal!). Mae diwrnodau prysur o waith yn ei ddisgwyl bob

Beti yn cael bath

dydd Gwener, yn enwedig ar y funud efo Thomos wedi torri ei fawd ac mewn cast am ychydig wythnosau. Diolch i'r drefn bod y defaid i gyd wedi eu tocio a'u dipio felly mae cyfle iddo ymlacio a gwella'n iawn.

Dros y mis diwethaf mae'r Cynulliad a'r llywodraeth yn Llundain wedi cyhoeddi ymgynghoriad ar bolisi amaeth newydd ar gyfer y dyfodol. Nid ffermwyr ydym bellach ond 'rheolwyr tir' ac er fy mod yn croesawu cydnabyddiaeth y Cynulliad o bwysigrwydd y tir, teimlaf yn gryf fod y diffyg sôn am gynhyrchu bwyd yn gam niweidiol dros ben i gefn gwlad Cymru. Trwy ddatgysylltu cynhyrchu bwyd a chynnal yr amgylchedd ni fydd modd cyflawni'r 'public goods' mae pobl yn eu cymryd yn ganiataol fel ansawdd dŵr, ansawdd aer, dal dŵr yn ôl i atal llifogydd lawr gwlad, diogelu pridd a storio carbon yn yr ucheldiroedd. Mae'n beryg y bydd rhaid plannu coed ar ein mynyddoedd i gyd er mwyn cwrdd â thargedau carbon tirfeddianwyr o du allan i Gymru sy'n creu gwir ofid.

Mae'r ymgynghoriad yn cynnig cynllun i greu cadernid economaidd (economic resilience) trwy fuddsoddi mewn gwella effeithiolrwydd busnesau, a hefyd cynllun nwyddau cyhoeddus. Bydd y polisi newydd ar gyfer amaeth yng Nghymru yn llywio tirlun ein gwlad a dyfodol ffermwyr, ffermydd a'n cymunedau gwledig felly mae hi'n hanfodol bwysig i bawb ymateb i'r ymgynghoriad sy'n cau ar y 30ain o Hydref.

Mae Llysun wedi cyrraedd carreg filltir yn ddiweddar wrth i 50 mlynedd fynd heibio ers yr 11eg o Fedi 1968 pan brynodd Dad a Mam y ffarm cyn priodi tri diwrnod yn ddiweddarach ar y 14eg. Llongyfarchiadau a diolchaf iddynt am eu gweledigaeth ac am greu cyfleoedd i'r cenedlaethau nesaf.

Gan obeithio am ychydig o dywydd sych, hwyl am y tro!

Tachwedd 2018

"Hydref hir a glas, blwyddyn newydd oerllyd, gas" meddai'r dywediad yn fy nyddiadur – nid yw hynny'n argoeli'n dda iawn i'r flwyddyn newydd, os oes coel ar yr hen ddywediadau. Un peth sy'n sicr yw bod mis Hydref eleni wedi bod yn llawer mwy pleserus na Hydref 2017 efo digonedd o haul mwyn yn galluogi'r gwartheg i bori'n braf gan fyrhau'r gaeaf yn sylweddol. Yr hydref a'i liwiau hyfryd yw fy hoff dymor – pan fo'r haul yn tywynnu neu pan fo raid cynnau tân cysurus.

Mis prysur arall a gafwyd yma yn Llysun efo'r holl ffocws ar gael y gwartheg yn barod i'r arwerthiant ar y 27ain o'r mis. Efo bawd Thomos heb wella yn ôl y disgwyl ac yntau'n gorfod cael llawdriniaeth arall, Des a finnau fu wrthi'n dawel bach yn paratoi a Morgan yn cymryd ychydig ddyddiau i ffwrdd o'r coleg i helpu'r wythnos olaf. Ar ôl rhoi trefn ar rifau'r gwartheg a'u lloi a llywio catalog roedd ychydig o drefn ar y cynllun a realiti'r arwerthiant yn llawer mwy real. Cafodd y gwartheg a'r heffrod i gyd eu sganio ac roedd y cyfan wedi sefyll yn dda i'r tarw, efo dim ond dwy fuwch yn annisgwyl o wag – mae disgwyl i rai gwartheg sy'n gofyn tarw yn hwyrach fod yn wag. Ac yna, ar ôl y sganio bu ychydig o waith 'trin gwallt' i dacluso golwg y lloi a cheisio'u gwneud yn fwy deniadol i'r prynwyr. Mae hi'n syndod beth mae ychydig o 'titivatio' yn ei wneud i ddenu'r llygad!

Erbyn dydd Gwener roedd popeth yn ei le, a gan fod digon o staff bu llwytho saith lorri gan Gwmderwen a Wern a chludo'r gwartheg i gyd i'r farchnad yn ddiffwdan iawn. Gyda chymorth staff y farchnad bu prynhawn hir o rifo'r 'lots' a sicrhau fod pob llo efo'r fuwch a'r rhif cywir yn eu corlannau. Rhaid canmol y farchnad am eu cyfleusterau gwych sy'n gwneud y broses o sortio gwartheg yn llawer rhwyddach, ac yn ddiogel. Wedi gwellta, 'dwrio', ac yna bwydo cafodd y gwartheg a ninnau gyfle i gael seibiant a noson o gwsg, cyn y diwrnod mawr.

Roedd yr arwerthiant yn cychwyn am 11am a phan ganodd y gloch, fe ddechreuodd yr adrenalin lifo drwy fy nghorff efo rhywfaint o dristwch wrth feddwl bod "yr awr wedi dod" a blynyddoedd o waith magu a gofalu am y fuches wedi dod i ben. Ond efo cynulleidfa lawn o gwmpas y cylch roedd hi'n bleser mawr cael sefyll tu ôl i'r gwartheg, a balch iawn oeddwn ohonynt.

Cawsom brisiau da a chefnogaeth wych wrth i'r gwartheg wasgaru ar hyd a lled Cymru a dros Glawdd Offa i Staffordshire a Wiltshire. Hoffwn ddiolch i bawb a fu'n prynu ac yn cefnogi, a diolch yn arbennig i'r staff a

fu mor brysur yn gwneud yn siŵr fod popeth yn rhedeg mor hwylus. Diolch hefyd i Glandon a'r farchnad am eu cymorth yn cynnal yr arwerthiant.

Nid hon oedd yr unig arwerthiant a fu yn yr Hydref gan i Tom Bebb gynnal ei arwerthiant adref yn yr Hendre ar yr unig ddau ddiwrnod gwlyb a gawsom drwy'r mis! Mae paratoi ar gyfer sêl yn llawer o waith a'r unig elfen sydd allan o'n rheolaeth yw'r tywydd! Ond er y glaw fe ddaeth torf o bobol i'r Hendre i brynu a chefnogi, ac roedd Tom yn fodlon efo'r prisiau ar y cyfan. Newyddion drwg i lwynogod yr ardal oedd yr arwerthiant gan fod mwy o amser gan Tom i gefnogi'r helfa dros fisoedd y gaeaf! Dymunaf yn dda i ti i'r dyfodol.

Mae bywyd yn mynd yn ei flaen, efo tymor troi hyrddod wedi cyrraedd, a gan fod y defaid yn edrych cystal ag erioed, a digon o borfa, mae gobaith am grop da o ŵyn. Sut farchnad fydd ar gyfer yr ŵyn sy'n cael eu creu wrth i chi ddarllen yr erthygl hon? Duw a ŵyr! Bydd yr ŵyn yn cael eu geni i fyd ar ôl Brexit a does dim sicrwydd y byddwn ni'n gallu allforio i Ewrop. Yn anffodus nid yw'r sefyllfa fel petai ar fin cael ei datrys chwaith gan fod pawb yn fwy parod i anghytuno na chytuno, tra bod diwedd mis Mawrth yn prysur agosáu. Cawsom fis prysur o werthu ŵyn wedi iddynt ddod yn eu blaenau a phesgi'n dda. Dim ond 140 sydd ar ôl a bydd yr ysgol uwchradd yn ymweld ar y 6ed o Dachwedd i ddewis ŵyn ar gyfer eu cwrs amaeth.

Mae wedi cymryd dipyn o amser i ddod i arfer â'r lloi bach godro, a hwythau'n cymryd dipyn o amser ddod i arfer â ninnau! Serth yw'r llinell ddysgu gan fod problemau gwahanol iawn i'r arfer – mae llo godro yn greadur gwahanol iawn i lo o fuwch sugno. Ond mi ddaw, a pheth diddorol yw dysgu rhywbeth newydd bob dydd!

Mae gwyddau Morgan wedi mwynhau'r hydref mwyn ac wedi tyfu a phesgi'n dda. Maen nhw'n barod wrth y giât i ddod i mewn bob nos, ond hefyd yn ddiamynedd iawn bob bore wrth ddisgwyl i fynd 'nôl allan i'r cae!

Trefnodd Catherine, fy chwaer, daith feicio o gwmpas Sir Drefaldwyn 'nôl ar ddechrau mis Medi efo tua 30 o feicwyr yn seiclo o Fachynlleth i Drefeglwys, Abermiwl, Ffordun, Llandrinio, Llanfyllin gan orffen yn Llysun. Codi arian er budd Bowel Cancer UK a'r Sioe Frenhinol oedd y bwriad a chasglwyd oddeutu £6,000. Roedd ambell i seiclwr profiadol yn gwneud i'r daith edrych yn hawdd (Alwyn ac Iestyn Price) ond roedd sawl un arall wedi methu eistedd yn gyfforddus am wythnos dda! Diolch am eich cefnogaeth.

Ar gyfer arwerthiant y gwartheg cefais ffrind i ddod efo'i 'drone' i dynnu lluniau o'r gwartheg yn pori yn eu cynefin ar y mynydd ac maent i'w gweld ar YouTube drwy chwilio am 'Richard Tudor'. Gobeithio y gwnewch fwynhau'r clip.

Mwynhewch yr awr newydd a chlosiwch at y tân. Hwyl am y tro!

Rhagfyr 2018

Mae mis arall wedi hedfan heibio a'r tywydd wedi parhau'n sych am y rhan helaeth. Teimlaf fod mis Rhagfyr wedi cyrraedd heb i mi sylwi eleni oherwydd y tywydd a gan nad oedd rhaid paratoi'r 'sieds' i'r gwartheg a'u bwydo. Ond y rheswm mwyaf yw fy mod i wedi bod yn brysur yn paratoi adroddiad ar gyfer cynhadledd flynyddol Nuffield – bydd holl waith y ddwy flynedd diwethaf yn dod i ben efo cyflwyniad 12 munud o flaen cynulleidfa o 400 o ysgolheigion Nuffield yn Glasgow.

Felly gan fod yr adroddiad wedi ei gwblhau a'i gyhoeddi, rhoddaf ragflas o fy meddyliau i chi a chanlyniadau'r ysgoloriaeth a oedd yn trafod 'Soil health and fertility in grasslands'. Wedi'r cwbl mae tir glas yn cynrychioli 70% o dir amaethyddol Prydain ac felly pwysig yw ceisio deall ein priddoedd ac mae adeg yma o'r flwyddyn yn amser delfrydol i ystyried y pridd, gan fod llawer o'r maeth o'r gwrtaith a'r tail wedi cael ei ddefnyddio erbyn hyn.

Mae Cyswllt Ffermio yn cynnig rhwng 80% a 100% o gymorth ar gyfer profi ein priddoedd, ond er hyn dim ond 1/3 o ffermwyr Cymru sy'n profi eu priddoedd, ac felly mae llawer yn anymwybodol o anghenion eu tir.

Roedd gwaith ymchwil Sir George Stapledon yn Aberystwyth gan mlynedd yn ôl yn arwain y byd mewn tyfu porfa, a bu iddo ddechrau'r chwyldro wnaeth drawsnewid ucheldiroedd Cymru i fedru tyfu mwy o borfa a chynhyrchu mwy o fwyd er mwyn sicrhau dyfodol ffermydd a chadw pobl ifanc yng nghefn gwlad trwy greu mwy o waith.

Un o fy hoff ddyfyniadau yw hwn gan Jonathan Swift, dros 200 mlynedd yn ôl: "Whoever could make two ears of corn or two blades of grass to grow where only one grew before deserves better of mankind, and do more essential service to his country, than the whole race of politicians put together."

Mae'r dywediad yma mor addas heddiw ag erioed, ac efo ansicrwydd Brexit mae hi'n hanfodol bwysig ein bod yn canolbwyntio ar yr hyn sydd o fewn ein gofal, a gwella effeithiolrwydd ein busnesau amaethyddol. Mae llawer o hyn yn dechrau o'r sylfaen gwerthfawr sydd o dan ein traed – y pridd. Mae tair elfen i'r pridd; yr elfen ffisegol sef yr aer a'r dŵr, yr elfen gemegol sef y mwynau, a'r elfen fiolegol sef yr holl fywyd sydd yn y pridd, o'r pryfaid genwair i'r bywyd na welwn efo'n llygaid. Ein pwrpas ni yw creu'r amgylchedd gorau posib i'r bywyd yn ein pridd fedru ffynnu. Wedi'r cwbl, mewn llwyaid o bridd mae mwy o organebau (organisms) na sydd o bobol yn y byd!

Felly beth yw'r cam cyntaf er mwyn creu'r amgylchedd delfrydol? Wel, gwneud yn siŵr bod digon o galch yn eich pridd, gan nad yw'r organebau yn hoffi byw mewn amgylchedd asidig. Maent yn hoff iawn o weithio a byw mewn pH o 6.3 gan fod y mwynau ffafriol i gyd ar gael yn llawer rhwyddach yn ogystal â'r gwrtaith sy'n cael ei roi i lawr. Ar pH o 6.0 dim ond 50% o'r ffosffet sydd ar gael, ac felly wrth roi gwrtaith sy'n cynnwys ffosffet (fel mae'r rhan fwyaf ohonom yn gwneud) rydym yn gwastraffu ½ sy'n gwneud y gwrtaith drud yn ddwbl ei bris. Yng Nghymru, mae 70% o'r priddoedd sydd wedi cael eu profi gan Cyswllt Ffermio â pH llai na 6.0.

Mae pH o 5.5 yn golygu 10% llai o dyfiant glaswellt. Mae ymchwil yn yr Iwerddon gan Teagasc wedi dangos bod pob £100 sy'n cael ei wario ar galch yn rhoi hyd at £700 yn ôl i'r tir efo mwy o dyfiant a gwell ansawdd i'r borfa.

Gan fod y pridd yn fyw, mae angen aer a dŵr arno ac ar gyfer y planhigion. Elfen bwysig arall i'w ystyried ydy cywasgiad (compaction). Byddwn yn eich annog chi i gyd fynd allan i gae efo rhaw a thyllu twll ac ystyried beth sydd i'w weld o'i gymharu â'r cae nesaf. Mae cywasgiad yn effeithio 70% o briddoedd ac yn medru lleihau tyfiant hyd at 40%. Mae ucheldiroedd Cymru yn agored i niwed oherwydd yr holl law ac oherwydd bod defaid allan ar y tir trwy'r gaeaf. Canlyniad cywasgiad yw priddoedd oer sy'n araf yn cynhesu yn y gwanwyn, hyd at 95% llai o bryfaid genwair, gwastraffu gwrtaith a hefyd cynnydd mewn molybdenwm, haearn, ac alwminiwm, sy'n ddrwg iawn i iechyd ein hanifeiliaid.

Beth yw'r ateb? Mae peiriannau ar gael i gywiro cywasgiad a rhoi mwy o aer yn y pridd, sy'n galluogi i'r gwreiddiau dyfu'n ddyfnach ac i'r pryfaid genwair dyllu'n ddyfnach. Mae'n rhaid i bridd gael aer yn union fel bodau dynol. Y ffordd orau i leihau cywasgiad yw tyfu porfa efo planhigion sydd â gwreiddiau dwfn – mae chicory, plantain a meillion coch a gwyn yn medru cynnig llawer i borfeydd yr ucheldiroedd. Mae rheoli ein porfeydd mewn ffordd sy'n rhoi cyfle i'r caeau a'r glaswellt gael seibiant hefyd yn hanfodol bwysig er mwyn osgoi effaith gorbori ar wreiddiau'r planhigion. Pwysig iawn yw cau giât i dyfu mwy o borfa.

Fe adawa i'r pwnc am y tro neu fe fydda i wedi mynd yn rhy ddwfn i mewn i'r pridd! Ond rwyf yn erfyn arnoch oll fel ffermwyr i gysylltu â Cyswllt Ffermio er mwyn profi eich priddoedd, a gwario eich arian ar galch yn hytrach na gwrtaith. Mae'r adroddiad llawn i'w gael ar wefan Nuffield a chlip YouTube i'w wylio: www.nuffieldscholar.org/scholars/2017/richard-tudor

Mae'r Ffair Aeaf ar ddechrau a chyfnod Sir Drefaldwyn fel sir nawdd ar fin dod i ben. Mae Dad a Mam, a'r teulu i gyd wedi mwynhau'n fawr y cyfle a'r anrhydedd o arwain a chynrychioli ein sir. Diolchwn i bawb am eu cefnogaeth ac edrychwn ymlaen at gefnogi Sir Benfro'r flwyddyn nesaf a'r Sioe Fawr yn dathlu ei chanmlwyddiant.

Cofiwch archebu calendr y *Plu* wrth i'r papur ddathlu pen-blwydd arbennig hefyd yn 40!

Mwynhewch holl ddathliadau'r ŵyl, ond cofiwch werthfawrogi'r bwyd a phawb sydd wedi bod yn ei gynhyrchu ac yn gofalu amdano.

Nadolig Llawen a Blwyddyn Newydd Dda i bawb.

Hwyl a Ho, Ho, Ho!

Plu'r Gweunydd

Dyddiaduron 2019

Ionawr 2019

Croeso i 2019! Erbyn hyn mae'r goeden Nadolig wedi sychu'n grimp a'r ŵydd yn ddim mwy nag atgof melys. Rhoddodd holl brysurdeb yr ŵyl seibiant pleserus iawn i ni oll o dymor y gaeaf – dwi'n siŵr fod y gaeafau yn hemisffer y de yn teimlo'n llawer hirach heb y Nadolig i edrych ymlaen ato.

Bu 2018 yn flwyddyn o dywydd eithafol i amaethwyr Cymru efo'r 'Beast from the East' adeg yr wyna yn creu helynt a cholledion, haul poeth diddiwedd a sychder dros yr haf, ac yna hydref mwyn a thyfadwy. Ar y cyfan teimlaf ei bod wedi bod yn flwyddyn llawer haws i amaethu na 2017 ond beth sy'n ein disgwyl yn 2019? Mae storm Brexit yn agosáu efo'r Deyrnas Unedig yn gadael yr Undeb Ewropeaidd ar y 29ain o Fawrth a fydd yn sicr o greu cymhlethdod i lawer. Os oes un dymuniad diwrnod Calan gennyf yna dymunaf i holl wleidyddion y wlad gydweithio er mwyn datrys y sefyllfa er mantais a dyfodol y wlad. Mae'n rhaid byw mewn gobaith!

Dechreuodd mis Rhagfyr drwy wahanu'r hyrddod a'r defaid, a rhoi dos o Flukiver iddynt i gyd. Wedi i ni ddarganfod ymwrthedd ffliwc i Triclabendazole gaeaf diwethaf nid ydym wedi rhoi Fasinex na Tribex i'r defaid eleni ac yn hytrach rydym yn defnyddio Levafas Diamond a Flukiver. Yn anffodus nid hawdd yw cael gafael ar Trodax bellach a oedd yn dda am ladd ffliwc yn enwedig ymhellach i mewn i'r gaeaf. Diolch i'r hydref mwyn a thyfadwy mae'r defaid mewn cyflwr gwych ond wrth gwrs y gamp yw ceisio cynnal hynny wrth i'r borfa ddiflannu dros y misoedd nesaf. Am y tro cyntaf ers bron i ddeng mlynedd mae'r defaid i gyd yn agos i adref eleni, a does dim angen pori tymhorol neu 'wintering' ar diroedd eraill, felly bydd canlyniadau'r sganio yn ddiddorol.

Fel y disgwyl, mae'r lloi godro ychydig yn fwy bregus na'r lloi biff wedi i sawl un gael niwmonia wrth ddygymod â'u cynefin newydd yn y sied dros y gaeaf. Tydi'r tywydd, yn sicr, ddim wedi bod yn llawer o help efo diwrnodau cynnes, chwyslyd a nosweithiau oer yn annog annwyd a thrwynau i redeg. Mae sawl cymeriad hoffus iawn yn amlygu yn y grwpiau sy'n hoff o fwythau a chosi cefn a fydd yn sicr yn dod yn ffefrynnau yn y dyfodol!

Rydym wedi dechrau adeiladu traciau i'r caeau ar gyfer y gwartheg a fydd yn hwyluso'r gwaith o gael y gwartheg i mewn i odro pan ddaw'r amser. Ar ôl ambell i sylw a sawl un yn tynnu coes rwy'n medru eich sicrhau nad '*bypass*' newydd i Lanerfyl sy'n cael ei adeiladu!

Cawsom ymwelydd diddorol iawn am bythefnos cyn y Nadolig, sef Lydia Inglis, o Seland Newydd yn wreiddiol, ond erbyn hyn mae hi'n gweithio ar ffarm wartheg yng ngogledd-orllewin Awstralia. Merch ifanc weithgar iawn oedd Lydia yn teithio trwy Brydain am ychydig fisoedd cyn dychwelyd i Awstralia ar gyfer y tymor trin gwartheg. Mae'r ffarm yn Awstralia yn 450,000 hectar sy'n ôl fy nghalciwlations i yn ddwbl maint Sir Drefaldwyn! Er hyn tua 3500 o wartheg sugno sy'n cael eu ffermio ac mae'r gwartheg a'r lloi yn cael eu hel unwaith y flwyddyn er mwyn dyfnu'r lloi. Mae'n cymryd chwe mis i hel y gwartheg o'r gwahanol ardaloedd, efo llawer o'r gwaith yn cael ei wneud ar gefn ceffyl neu mewn helicopters.

Diddorol iawn oedd gweld y cyfleusterau ar gyfer y staff wrth wneud y 'musters'– mae cynnull y gwartheg o un ardal benodedig yn cymryd tair

Hel gwartheg yn Awstralia

wythnos ac yn ystod y cyfnod hwn maen nhw'n cysgu mewn sachau cysgu yn erbyn y coed a chynhesu dŵr i ymolchi ar dân agored. Mae'r dref agosaf 50km i ffwrdd sef Marble Bar – roedd y dref hon ar y newyddion dros y dyddiau diwethaf gan i'r tymheredd gyrraedd 49 gradd Celsius! Rwy'n siŵr fod Lydia wedi mwynhau cadw'n 'cŵl' yma yng Nghymru cyn y Nadolig!

Yn y *Farmers Guardian* diweddaraf, diddorol iawn oedd darllen erthygl wych gan Ffion, Dolwar Fach, yn trafod ei gwaith a phwysigrwydd tegwch i ffermwyr lle bynnag y maent yn y byd. Tanlinellodd hefyd pa mor bwysig yw bod y prisiau sy'n cael eu derbyn gan ffermwyr am eu cynnyrch yn adlewyrchu'r gost o gynhyrchu'r bwyd. Fel y dywedodd Ffion, beth bynnag yr ydych yn ei fwyta, ffarmwr sydd wedi ei gynhyrchu, ac felly mae angen bod yn ddiolchgar i ffermwyr y byd.

Yng nghanol poethder ein haf nid oedd glaw am gyfnod ac felly anghofiais am y mesur glaw, ond nawr, efo'r glaw wedi hen ddychwelyd mi rof gynnig ar gofnodi unwaith eto.

- Llysun 157mm neu 6.2 modfedd
- Dolmaen 140mm neu 5.5 modfedd
- Llwyn y Brain, Adfa 138mm neu 5.4 modfedd

Pob hwyl i bawb yn 2019. Blwyddyn Newydd Dda i chi oll.

Beti am roi cynnig ar ddreifio'r Merlo!

Chwefror 2019

Yn mis Ionawr 1969 fe ddechreuodd gŵr ifanc 26 oed, cryf a chyhyrog, weithio yma yn Llysun i 'nhad, a hynny wedi iddo weithio i'w ewythr yn Rhallt Isa am ddeg mlynedd. Wrth gwrs rwy'n sôn am Des, sy'n dathlu hanner can mlynedd yma, ac sydd wedi ymroi ei oes i'r teulu ac i'r ffarm. Y mae'n adnabod pob cornel, craig a phant ym mhob cae, ac hefyd yr hen enwau fel yr oeddent hanner canrif yn ôl. Mae'n cyfeirio at gaeau fel 'Cae Wiced' a 'Cae Twb Dipio' yn aml sy'n gwneud i Thomos grafu pen a phendroni'n arw!

Rhaid canmol Des am ei ymroddiad ffyddlon a theilwng – mae'n gymeriad addfwyn a chyfeillgar bob amser, ac yn dynnwr coes heb ei ail. Mae hi bob amser yn bleser i'w weld, a hynny'n brydlon bob bore. Mae Catrin wedi dweud sawl gwaith y bydd rhaid argraffu 'Rhaid i mi fynd, mae Des 'di troi wrth y bont' ar fy ngharreg fedd gan fy mod i'n ei ddweud mor aml! Hoffwn ddiolch iddo ar ran pawb yn Llysun. Yn eithaf eironig fo yw'r unig un ohonom sydd ag unrhyw brofiad o odro (yn Rhallt Isa bryd hynny) ac felly fo fydd y 'chief milker' am flynyddoedd i ddod!

Ffensio a sganio sydd wedi ein cadw ni'n brysur fis yma. Roedd y gwaith ffensio yn canolbwyntio ar y mannau lle buom yn cwympo coed fel ein bod ni'n medru ailblannu – mannau digon gwlyb a budur ond rydym wedi bod yn ffodus iawn o gael mis gweddol sych i fedru gorffen y gwaith. Mae'r olygfa wedi newid yn sylweddol ar hyd y ffordd gefn, a'r tirlun yn

edrych yn noeth heb y coed, ond cyflym y bydd bywyd yn dychwelyd pan ddaw'r gwanwyn.

Mae'r defaid i gyd wedi cael eu sganio efo'r niferoedd yn debyg iawn i'r arfer. O 1098 o ddefaid roedd 24 yn wag, 251 yn cario un oen, 699 yn cario twins ac 124 yn cario triplets, sy'n rhoi cyfanswm o 1.84 oen i bob dafad. Wrth gwrs, hawdd yw cyfri'r niferoedd adeg sganio ond fel dywed y Sais, "Don't count your chickens before they've hatched"!

Cyn hyrddu cafodd y defaid eu gwahanu a'u sortio i grwpiau pwrpasol. Roedd 107 o ddefaid yn y grŵp defaid tenau, ac nid oedd yn syndod bod naw o'r rhai hynny yn wag, sy'n dangos pwysigrwydd ceisio cadw'r defaid mewn cyflwr da trwy'r flwyddyn.

Mae 125 o ŵyn benyw ar ôl i'w sganio. Fel y soniwyd yn yr erthygl ddiwethaf rwyf wedi gostwng niferoedd y defaid eleni. Mae tua 100 yn llai o ddefaid a 200 yn llai o ŵyn benyw, ond mae popeth adref sy'n gyfleus. Cafwyd chwe sypréis wrth sganio efo chwe dafad yn 'imminent'! Erbyn hyn mae pedair wedi wyna, pum oen yn prancio drwy'r sied, a Beti wrth ei bodd ac yn trio chwarae efo nhw!

Yng nghanol y mis mynychais y Positive Farmers Conference yn Cork, Iwerddon, yng nghwmni Rhidian Glyn, Iwan Vaughan a Rhodri Plascoch. Wrth yrru i mewn i'r cwch yng Nghaergybi ac i ffwrdd o'r cwch yn Nulyn anodd oedd coelio pa mor rhwydd oedd trafeilio o un wlad i'r llall, a wnaeth i mi ystyried yr aberth sydd o'n blaenau. Diddorol iawn oedd y

gynhadledd dau ddiwrnod efo llawer o ffermwyr yn siarad am eu systemau ffermio a'r pwysigrwydd o wneud y gorau o'u porfa. Un peth sy'n sicr yn yr Iwerddon yw bod y ffermwyr yn canolbwyntio ar gynhyrchu ac nid yn cael eu drysu gan y cynnig a'r demtasiwn o daliadau amgylcheddol. Yn sgil hyn teimlais fod awyrgylch y gynhadledd yn un positif iawn ac ysbrydoledig (fel y disgwylid o'r enw) a oedd yn wynt teg yng nghanol trafodaethau diddiwedd 'doom and gloom' Brexit y wlad yma. Cenfigennus iawn oedd y pedwar ohonom o'r holl laswellt oedd ym mhobman yn yr Iwerddon – mae'r 'Emerald Isle' yn ddisgrifiad perffaith o'r wlad.

Cefais archwiliad FAWL, neu Farm Assurance, ddiwedd y mis, sydd bob tro'n creu teimlad o banig llwyr dros y dyddiau sy'n arwain ato. Mae'r gofynion yn cynyddu bob blwyddyn ac yn dangos pa mor fanwl sy'n rhaid i bopeth fod o fewn ein systemau cynhyrchu bwyd er mwyn ceisio sicrhau i'r cwsmer fod eu bwyd o'r safon uchaf. Tra bod Veganuary yn cael sylw'r lleiafrif swnllyd, pwysig iawn yw ein bod yn medru amddiffyn ein dulliau cynhyrchu cig a llaeth trwy sicrhau fod ein safonau a'n gofal heb eu hail. Trist yw darllen y 'tweets' sy'n cael eu rhannu gan y vegans, yn enwedig pan fo dim gair o wirionedd yn yr un frawddeg nac yn eu ffeithiau. Fel dywed Donald Trump – 'Fake News' go iawn. O leiaf medrwn edrych ymlaen at #Februdairy fis yma!

Diddorol a difyr oedd gwrando ar sgwrs Dei Tomos efo Arwyn Groe ar *Byd Amaeth* fore Sadwrn y 19eg o'r mis yn trafod ei fenter newydd yn tyfu madarch 'gourmet' (fel yr esboniwyd). Mae Arwyn wedi dechrau cynhaeafu'r madarch yn barod ac mae'r shiitakes wrth eu bodd yn eu cynefin yng Nghoedtalog. Pob lwc i ti efo'r fenter fadarchlyd ac un peth sy'n sicr, mae hi'n siŵr o dyfu!

Mae ychydig o fesuriadau glaw wedi cyrraedd:

- Dolmaen 98mm neu 3.9 modfedd
- Llanfihangel 50mm neu 2 modfedd
- Adfa 48mm neu 1.9 modfedd
- Llanerfyl 38mm neu 1.5 modfedd

Wrth i Ionawr ddod i ben mae rhagolygon am eira ar gyfer dechrau mis Chwefror, sy'n fy arwain at y dywediad yn fy nyddiadur "Byr yw Chwefror, ond hir ei anghysuron". Os am dywydd gaeafol gwell hwyr na hwyrach.

Hwyl am y tro!

Mawrth 2019

Am ddiwedd perffaith i fis Chwefror – diwrnodau hir o heulwen braf, y borfa yn tyfu, a Chymru'n trechu'r Saeson yng Nghaerdydd! "Chwefror teg yn difetha'r un ar ddeg" meddai'r dywediad yn fy nyddiadur, ond mae'n rhaid cofio bod y mis wedi dechrau yn drwch o eira oer a glaw trwm – roedd mis Mawrth bryd hynny'n teimlo'n bell i ffwrdd. Anodd coelio bod y mis wedi gorffen efo'r 'lawnmower' allan!

Mis o baratoi erbyn yr wyna a gafwyd yma wrth garthu cytiau a chael y sieds yn barod i'r defaid ddod i mewn. Bydd yr wyna yn dechrau ymhen tair wythnos ond pur anaml y mae popeth yn teimlo mor hamddenol adeg yma o'r flwyddyn ag eleni – mae'r defaid i gyd wedi cael eu tocio, 'drenchio' am ffliwc yn ogystal â chael brechiad 7-1. Mae'r triplets wedi dod i mewn ac yn cael tua ½kg o ddwysfwyd ond braf yw medru gadael y gweddill allan ar silwair, sy'n arbed ar gostau gwellt ac ar waith bwydo, heb sôn am lai o 'footrot' a gorfod trin traed.

Efo'r caeau wedi sychu'n dda, cafwyd cyfle i chwalu ychydig o dail a hefyd calch ar sawl cae. Er ei bod yn llawer cynt na'r arfer penderfynwyd chwalu ychydig o wrtaith gan fod y ddaear wedi cynhesu a'r borfa yn tyfu, ac felly cafodd y caeau sy'n wynebu'r haul tua 110kg/ha o CAN.

Mae'r heffrod godro wedi altro ers dechrau'r flwyddyn ac rydym nawr am ddechrau cynllun iechyd gan frechu am BVD, Lepto ac IBR. Gan fod y heffrod wedi dod o bum ffarm wahanol mae amrywiaeth yn eu statws iechyd ac felly teimlaf ei bod hi'n bwysig cychwyn protocol cywir ar y cyfan. I ddechrau'r broses cymerodd y fet sampl o waed yr heffrod drwy'r cynllun Gwaredu BVD i gael gweld a oedd yno broblem. Yn ôl y canlyniadau roedd un grŵp o heffrod yn dangos eu bod wedi bod mewn cysylltiad â BVD ac felly rydym yn gwneud 'tag and test' ar yr holl grŵp i geisio darganfod os oes anifail heintus er mwyn gallu cael gwared arno.

Erbyn hyn mae llai na mis tan Diwrnod Brexit. Mae'r 29ain o Fawrth yn prysur agosáu ond yn anffodus mae'r gwleidyddion yn parhau i anghytuno ac yn methu'n lân â chydweithio er mantais y wlad. Mae'r senario 'No Deal' yn cael ei defnyddio fel bygythiad i Ewrop sy'n gwrthod trafod newidiadau i'r cytundeb sydd ar y bwrdd, ond y gobaith yw y bydd cytundeb munud olaf yn cael ei wneud. Heb gytundeb nid yw'r rhagolygon yn dda i gig oen gan fod tariff neu 'tax' o hyd at 48% ar allforion i Ewrop, a fydd yn dyblu pris yr oen. Gobeithio y bydd synnwyr cyffredin yn ennill y dydd.

Mae cynllun Academi Amaeth Cyswllt Ffermio yn derbyn ceisiadau ar hyn o bryd – dyma gyfle gwych i ehangu profiadau a gorwelion. Mae tri chategori gwahanol – mae un ar gyfer arweinyddiaeth ac un ar gyfer menter a busnes gan gynnwys categori i aelodau iau. Cafodd Thomos Goetre a Fflur Abernodwydd eu derbyn i'r Academi Iau ddwy flynedd yn ôl ac mae'r ddau wedi mwynhau'r profiad ac wedi manteisio ar y cyfleon. Mae mwy o fanylion i'w cael ar wefan Cyswllt Ffermio.

Mae Barry Price wedi bod yn brysur yn torri coed yma dros y misoedd diwethaf ond yn anffodus cafodd ei gymryd yn wael yn ddiweddar a gorfod treulio amser yn yr ysbyty yn Aberystwyth. Ar ôl cryn bryder rwy'n falch o glywed bod Barry wedi dychwelyd adref. Gobeithio ei fod yn teimlo'n well.

Yn anffodus ni anfonais luniau o Des wrth sôn am ei hanner can mlynedd yma yn Llysun fis diwethaf – nid hawdd yw tynnu ei lun gan fod Des yn wych am droi ei ben pan fo'r camera'n barod i dynnu!

Hwyl am y tro!

Ebrill 2019

Wel am dywydd tawel a dymunol i orffen mis Mawrth, efo'r borfa yn tyfu a'r wlad yn edrych yn las iawn o ystyried amser y flwyddyn. Ond wrth gwrs dim fel hyn y bu dechrau'r mis! Cafodd pawb socfa iawn a bu llifogydd mewn sawl ardal – mae'r mesuriadau dŵr yn dweud y cyfan efo ambell i 'rain gauge' wedi gorlifo am y tro cyntaf ers talwm byd.

- Dolmaen 305mm neu 12 modfedd
- Cannon 283mm neu 11.1 modfedd
- Llanerfyl 180mm neu 7 modfedd
- Llanfihangel 150mm neu 5.9 modfedd
- Llanfair Caereinion 140mm neu 5.5 modfedd
- Adfa 125mm neu 4.9 modfedd

Dechreuodd y mis efo gwahoddiad i Hope Valley yn y Peak District i drafod pwysigrwydd priddoedd iach a ffrwythlon mewn tir glas efo ffermwyr da byw. Yna i Leek i roi cyflwyniad i grŵp o ffermwyr godro. Diddorol ac iach oedd cael mentro dros Glawdd Offa i gyflwyno, trafod a gwrando ar syniadau a phryderon ffermwyr yn yr ardal hyfryd yma o Loegr, a chael y cyfle i rannu ychydig o beth sy'n mynd ymlaen yma yng Nghymru efo nhw. Cenfigennus iawn ydynt o Gyswllt Ffermio a'r cyfleon, cyngor a chymorth sydd ar gael i ni yma, gan nad oes dim byd tebyg ar gael yn Lloegr.

"If you have an apple and I have an apple, and we exchange these apples, then you and I will still each have one apple. But if you have an idea and I have an idea, and we exchange these ideas, then each of us will have two ideas." – George Bernard Shaw.

Mae'r heffrod godro i gyd wedi cael eu brechiadau angenrheidiol (BVD, Lepto, IBR a 7-1) ac erbyn hyn yn ysu am fynd allan i bori. Mae'r prawf TB blynyddol yn eu disgwyl ar y 19eg o Ebrill felly ni chânt fentro'n rhy bell o adref cyn hynny, er mwyn hwylustod. Mae'r heffrod sydd wedi gaeafu ar silwair o'r pit wedi gwneud llawer yn well na'r heffrod sydd wedi bod ar silwair byrnau mawr, er bod y cyfan wedi eu cynaeafu'r un adeg ym mis Mehefin. Yr unig wahaniaeth yw bod silwair y pit wedi ei dorri'n fyrrach na'r bêls sydd wedi galluogi'r lloi i fwyta mwy o'r silwair o'r pit. Bydd rhaid rhoi gwell gofal i'r heffrod lleiaf er mwyn sicrhau eu bod yn barod i fynd at y tarw ym mis Mehefin. Gwahanol iawn yw edrych ar y glorian eleni wrth iddi arddangos 150kg yn llai na'r arfer, ac yn enwedig o ystyried nad yr heffrod trymaf (a mwyaf dymunol i'r llygad) yw'r rhai mwyaf cynhyrchiol i'w cadw i odro bob tro!

Erbyn hyn mae'r holl sylw wedi troi at y defaid a'r wyna, a'r siediau wedi cael eu trawsnewid i ddarparu ar eu cyfer. Dechreuodd yr wyna ar y

Y defaid ar eu ffordd adre i wyna

15fed o'r mis ac mae tua hanner y defaid wedi wyna erbyn hyn. Cyn dechrau go iawn cawsom ychydig o 'bicio' efo tua hanner dwsin o triplets ac ychydig o twins yn colli eu hŵyn a dim llaeth ganddynt i fedru magu ŵyn eraill. Mae'r llawes goch yn broblem bob blwyddyn efo sawl dafad yn gorfod cael 'harness', ond rydym yn cael llawer llai o broblemau ers rhoi haylage i'r defaid yn lle silwair o'r pit. Mae rhai defaid yn mynd un cam yn bellach gan wthio eu perfedd allan i gyd, a lladd eu hunain yn y broses. Torcalonnus yw hyn ond nid oes llawer y medrwch ei wneud i'w hatal – un ddafad sydd wedi gwneud hyn yma hyd yn hyn.

Braf yw troi'r defaid a'r ŵyn bach allan i laswellt eleni, a does dim blawd a fedrith gystadlu â llond bol o borfa. "You have to be a grass farmer before you become a sheep farmer" oedd y cyngor doeth a gefais gan hen ffarmwr a weithiais efo fo yn Mount Linton yn Seland Newydd. Ond er y bwriad a'r paratoadau gorau mae'r tywydd yn medru bod yn drech fel y llynedd efo'r 'Beast from the East'. Er rydym yn lwcus iawn nad oes trychinebau tywydd gwaeth yn y wlad, fel a gafwyd yn Mozambique, Zimbabwe a hefyd yn Nebraska yn yr UDA. Rydym yn byw mewn gwlad sy'n ffafriol iawn i amaethu ynddi a chynhyrchu bwyd, ac wrth i ddiogelwch a sicrwydd bwyd gynyddu mewn pwysigrwydd, mi fydd dyfodol i ffermio yng Nghymru.

Erbyn hyn mae dyddiad Brexit wedi cael ei ohirio i ddiwedd mis Mai, neu efallai ei ohirio am byth, oherwydd diffyg gallu'r gwleidyddion i gydweithio a cheisio datrys y sefyllfa er lles pawb. Mae ansicrwydd yn creu pryder ac fel amaethwyr mae canlyniad y sefyllfa bresennol yn sicr o gael effaith ar brisiau ein cynnyrch. Gan fod y llywodraeth yn benderfynol o gadw pris bwyd yn isel nid yw'r rhagolygon yn argoeli'n dda i gig oen na chig eidion. Os am dderbyn mewnforion rhad sydd wedi eu cynhyrchu i safonau llawer is, mae'n rhaid i'r llywodraeth gadw'r ddysgl yn wastad a chefnogi'r ffermwyr. Ar ôl arwain Cymru i'r Gamp Lawn unwaith eto ac yntau'n ymddeol o'i swydd ar ôl Cwpan y Byd efallai na fyddai cael Warren Gatland i arwain y wlad a thrafodaethau Brexit yn syniad mor ffôl! Wedi'r cyfan allai o ddim gwneud mwy o smonach na'r criw presennol.

Mae'r dyddiau yn ymestyn ac efo'r cloc yn neidio ymlaen awr mae'r gwanwyn yma go iawn, er bod y Pasg yn hwyr iawn eleni. Mae gogoniant i'r gwanwyn efo'r holl fywyd newydd a'r ffrwydradau o liw sydd ym mhob man – amser cyffrous i bawb a phopeth.

Hwyl am y tro!

Mai 2019

Mae wyna 2019 wedi dod i ben o'r diwedd a gan fod y tywydd wedi bod yn ffafriol mae'r wyna wedi bod yn un gweddol rwydd, efo'r bugeila'n haws a llai o broblemau ar y cyfan. Mae llawer llai o ddwysfwyd wedi cael ei fwydo eleni i'r defaid gan fod digon o borfa o ganlyniad i'r tywydd braf ym mis Chwefror a Mawrth, ond mae llai o borfa ar y mynydd i'r defaid sydd ar fin cael eu gyrru yno. Rwyf yn dweud yn aml fod hyd at 6-7 wythnos o wahaniaeth yn nhwf y borfa rhwng y mynydd ac i lawr yma yn Llysun – er ei fod yn ddim mwy na thafliad carreg i ffwrdd. Efo socfa dda dros benwythnos olaf mis Ebrill fe ddylai'r borfa ymateb i gynnal y defaid.

Rydym yn cael ychydig o seibiant o'r lloio eleni, er bod tua 20 o wartheg sugno yma o hyd, sy'n golygu bod llawer mwy o amser i

Des a Morgan yn ffensio – 60 mlynedd rhwng y ddau!

ganolbwyntio ar dasgau eraill, yn bennaf ffensio a thocio. Y bwriad yw gwerthu'r gwartheg efo'u lloi wrth eu traed dros y misoedd nesaf. Mae'r heffrod godro wedi bod allan yn pori ers diwedd mis Mawrth ac wedi altro'n sylweddol wrth golli eu cotiau gaeaf a dechrau sgleinio. Mae natur pori'r heffrod yn anhygoel ac yn amlwg yn rhan o'u geneteg o Seland Newydd sy'n canolbwyntio ar gynhyrchu llaeth o laswellt.

Cawsom brawf TB clir ddiwedd y mis, sydd bob amser yn rhyddhad. Dyma oedd prawf cyntaf yr heffrod gan eu bod wedi dod o ardal 'risg isel' yng ngogledd Cymru sy'n golygu nad oes angen prawf 'pre-movement' arnynt. Er hyn nid oes byth sicrwydd wrth gwrs. Mae cynllun y Cynulliad i brofi moch daear sy'n cael eu darganfod yn farw yn parhau ac felly os gwelwch fochyn (marw) ar ochr y ffordd yna galwch 08081 695110 ac yna mae cyfrifoldeb arnynt i'w gasglu a'i brofi am TB.

Mae prisiau ŵyn a gwartheg/cig eidion ychydig yn siomedig, ac mewn cyfarfod NFU yn ddiweddar adroddwyd bod 60,000 yn llai o wartheg yn y DU a bod y nifer o loi sydd wedi cael eu cofrestru wedi gostwng yn sylweddol. Felly pam fod gwasgiad ar y prisiau? Y rheswm pennaf ydy effaith Brexit, a'r canlyniad yw cwmnïau cig yn ceisio ymateb i'r

Yr heffrod yn pori'n braf

ansicrwydd o adael ar yr 28ain o Fawrth drwy fewnforio digon o gyflenwad o gig eidion wedi ei rewi o Wlad Pwyl a'r Iwerddon. Yn anffodus, er bod Brexit wedi ei ohirio, mae'r cig yn parhau i gael ei ddefnyddio ac felly 'supply and demand' yw'r broblem.

Mae tri chynllun i blannu coed ar gael ar y funud; Glastir Grantiau Bach, Cynllun Creu Coedwigaeth a Chynllun Adnewyddu Coedwigaeth. Mae'r coed sydd wedi cael eu cynaeafu yma yn Llysun yn ddiweddar wedi cael eu disodli â choed brodorol a choed sbriws drwy'r cynllun adnewyddu. Bydd y taliad yn rhoi cymorth i ffensio'r ardaloedd a hefyd i brynu'r coed bach. Mae'r cynllun Creu Coedwigaeth ar gyfer tir sydd ddim yn addas i bori defaid a gwartheg a cheir taliadau hir dymor (12 mlynedd) er mwyn annog buddsoddiad mewn plannu coed. Mae mwy o fanylion a chymorth i'w gael gan Cyswllt Ffermio ac mae arbenigwyr coedwigaeth ar gael i drafod ymhellach. Mae gan y Cynulliad dargedau uchelgeisiol ar gyfer plannu coed ac felly hefyd yn Seland Newydd lle mae'r Prif Weinidog wedi gosod targed i blannu un biliwn o goed yn y wlad dros y ddeng mlynedd nesaf. Efo llawer o wledydd yn ystyried plannu coed yn gam pwysig i geisio arafu'r newid yn ein hinsawdd teimlaf yn gryf y dylid dechrau drwy godi cosbau llym ar Brasil a pheidio derbyn mewnforion o'r wlad er mwyn arbed yr Amazon rhag cael ei difetha ymhellach. Wedi'r cyfan yr Amazon yw 'ysgyfaint y byd' ac nid oes digon yn cael ei wneud gan lywodraethau'r byd i'w hamddiffyn.

Trist iawn oedd clywed am Glyn Cae'r Lloi – ffarmwr a chymeriad unigryw a bydd gweld ei golled drwy'r ardal gyfan. Cydymdeimlaf â'r teulu ac mi gofiaf ei sgyrsiau llawen a digri.

Mehefin 2019

Wrth ysgrifennu'r erthygl ar ddydd Sul y Sulgwyn, a hithau'n bwrw glaw tu allan, pa ffordd well i ddechrau erthygl fis Mehefin na'r dywediad "Glaw Sulgwyn, ffrwythlon drwy'r flwyddyn", sy'n rhoi hwb a gobaith am dymor o dyfiant a chynhaeaf da, yn enwedig efo'r hin sych sydd wedi bod trwy gydol Mai. Fel amaethwyr yr ydym yn nwylo'r tywydd a'r tymhorau wrth iddynt ddylanwadu'n llwyr ar ddatblygiad ein cynnyrch a'r amser i gynaeafu neu werthu.

Erbyn hyn, mae'r defaid a'u hŵyn i gyd wedi cyrraedd eu 'summer residence' ar y mynydd ac i weld yn altro bob dydd – diolch i gyfuniad perffaith o borfa o dan eu traed, awyr iach a golygfa heb ei hail! Cafodd Thomos, Des a finnau wythnos brysur yn tocio ar y mynydd wrth i ni weithio'r ŵyn – torri arnynt, rhoi brechiad 7-1 a dos Cydectin iddynt, torri eu cynffonnau a'u marcio. Eleni mae Thomos wedi buddsoddi mewn teclyn Vetmarker sy'n dal yr ŵyn ar eu cefnau ac yn ein galluogi i weithio'r ŵyn

Tocio'r ŵyn

yn llawer haws. Y darn anoddaf yw dal yr ŵyn a'u sleidio i mewn i'r ffrâm, ac felly roedd Thomos a finnau yn ffodus fod Des yn dal i fod yn ffit ac yn gryf i'w dal (os byddaf i hanner mor gryf a ffit ag yntau yn 76 oed byddwn i'n hapus iawn!).

Cafodd y deg oen cynnar, a gafodd eu geni yn annisgwyl ddiwedd mis Ionawr, eu gwerthu ym marchnad y Trallwng ar y 13eg o Fai. Roeddent wedi tyfu'n anhygoel o ganlyniad i'r gwanwyn ffafriol a'u pwysau a'r gyfartaledd oedd 48.5kg efo'r oen trymaf yn pwyso 59kg. Roedd y prisiau'n dda a'r unig siom ar y diwrnod oedd nad oedd gen i 100 i'w gwerthu!

Ar ôl gwagu'r caeau o ddefaid cafodd y caeau silwair slyri digestate gan Edward Sychtyn i fwydo'r tyfiant. Mae'r digestate yn wrtaith da ac wrth i'r peiriannau ei chwistrellu i'r ddaear mae gwreiddiau'r planhigion yn medru

Rich a Modlen yn ysgrifennu erthygl i'r Plu

manteisio'n llawn ar y gwrtaith ac yn sicrhau nad oes gwastraff neu lygredd. Mae lefelau uchel o botash yn y digestate sy'n angenrheidiol i gael cnwd da o silwair, ac i geisio ailgyflenwi'r lefelau yn y pridd.

Mae'r heffrod yn parhau i altro ac yn barod i ddechrau cael tarw potel ar y 1af o Fehefin. Cafodd y cyfan eu pwyso yn ddiweddar efo'r mwyafrif yn 270-290kg, ac yn magu rhwng 1.2kg ac 1.5kg o bwysau bob dydd. Penbleth yw penderfynu ar ba darw sydd orau i'r heffrod ond un peth sy'n sicr yw'r angen iddynt fod yn lloio'n hawdd. Ar ôl cyfnod o tua mis o ddefnyddio tarw potel bydd tri tharw godro blwydd ac un tarw blwydd Aberdeen Angus yn 'sweepio' efo'r heffrod.

Cawsom ddiwrnod trist yma wythnos diwethaf efo Modlen yr ast yn marw ar ôl i salwch byr a henaint gael y gorau arni. Anodd yw ffarwelio â chyfaill ffyddlon sydd wedi ymdrechu trwy ei hoes i wneud y gorau i'ch plesio ac nid hawdd fydd llenwi ei phawennau. Cwsg yn dawel, Modlen fach.

Cefais wahoddiad i fod yn ŵr gwadd yn swper blynyddol Cymry Harper yn ddiweddar yn Harper Adams a da oedd gweld cymaint o Gymry Cymraeg yn mynychu'r sefydliad ac yn creu 'teulu' cryf o fyfyrwyr yng nghanol Sir Amwythig. Prif wobr y noson oedd Gwobr Myfyriwr Cymry Harper CAFC a fydd yn cael ei chyflwyno yn y Sioe Fawr eleni, a balch iawn oedd clywed enw Ifan Huws Cae'r Lloi yn cael ei gyhoeddi fel yr enillydd. Wrth drafod y gystadleuaeth efo'r beirniad yn ystod y swper mynegodd fod y safon eleni yn uwch nag erioed ac roedd yn clodfori'r chwech a gyrhaeddodd y rhestr fer y bu yn eu cyfweld. Da iawn ti, Ifan, a phob lwc yn dy yrfa ar ôl ymadael â Harper Adams eleni.

I chi sy'n gwrando ar *Byd Amaeth*, fore dydd Sadwrn, y 4ydd o Fai fe fyddech wedi clywed Thomos Howells, Goetre yn trafod ei Ysgoloriaeth Hybu Cig Cymru efo Dei Tomos. Bu Thomos yn sôn am ei brofiadau yn Seland Newydd ac yn annog eraill i geisio am yr ysgoloriaeth er mwyn gweld a dysgu am systemau ffermio mewn rhannau eraill o'r byd. Mae'r ysgoloriaeth ar agor i bawb o bob oed – am fwy o fanylion ewch i wefan Hybu Cig Cymru.

Hoffwn longyfarch Clwb Ffermwyr Ifanc Dyffryn Banw am eu holl ymdrechion yn Rali'r Sir yn Nhalwrn, Llanfyllin yn ddiweddar, a braf oedd gweld cymaint o'r criw iau yn cystadlu, a'r merched yn cystadlu yn y 'tug of war'. Mae arweinyddion y clwb hefyd yn haeddu canmoliaeth am drefnu, arwain ac annog yr aelodau i gystadlu a chymryd rhan – da iawn chi a diolch. Mae mudiad y Ffermwyr Ifanc yn chwarae rhan allweddol bwysig ym mywydau pobl ifanc yng nghefn gwlad ac yn creu rhwydwaith o ffrindiau am oes.

Ar y 13eg o Fehefin mae Mat Gyfylche yn ceisio dringo naw copa uchaf y DU mewn tri diwrnod er mwyn codi arian, cydnabyddiaeth a chefnogaeth i achosion iechyd meddwl o fewn amaethyddiaeth, drwy elusen DPJ. Bydd y sialens yn golygu cerdded am 53 awr a gyrru am 19 awr. Mae'n siŵr fod cerdded i gopa Moel Bentyrch yn ffordd dda o ymarfer, ond er ei fod yn un o'r naw mynydd uchaf yn Nyffryn Banw nid yw'n cyfri ar gyfer y sialens fawr. Os am gefnogi Mat, fe fyddai yn croesawu cwmni wrth ddringo rhai o fynyddoedd Cymru – Cader Idris ar yr 16eg am 11am o'r 'ponytrack' neu mae hefyd modd noddi'r achos drwy ymweld â gwefan DPJ Foundation neu wefan GoFundMe Matt Launder 9 peaks Challenge. Pob lwc Mat a phob lwc Gareth Rhiwfelen a fydd yn gyrru'r cerddwyr o un mynydd i'r nesaf.

Mae newid hinsawdd yn fater difrifol iawn sydd angen sylw gan bawb, ac mae'n ddyletswydd arnom i sicrhau fod cyfalaf naturiol y byd yn ddigonol i ofalu am genedlaethau'r dyfodol. Yn anffodus, y gwledydd sy'n wynebu'r bygythiad mwyaf oherwydd newid hinsawdd yw rhai o'r gwledydd tlotaf yn y byd. Yr enghraifft orau a mwyaf dychrynllyd i mi yw Bangladesh – mae ⅔ o dir y wlad yn llai na phum metr uwchben y môr. Mae disgwyl i'r môr godi 50cm erbyn 2050 a fydd yn golygu bod 11% o'r wlad o dan ddŵr a fydd yn gorfodi 15 miliwn o bobl i adael eu cartrefi a'u tir a symud i'r trefi. Mae 165 miliwn o bobl yn byw ym Mangladesh heddiw, mewn gwlad sydd yr un maint â Chymru a Lloegr lle mae 60 miliwn bobl yn byw – ni hoffwn wthio 100 miliwn arall o bobl i fyw yng Nghymru a Lloegr! Bydd effaith yr allfudo yn cael effaith ar ein bywydau ni oll, ledled y byd dros y blynyddoedd i ddod. Ar YouTube mae clip gwych, 'The reality of climate – David Puttnam' yn esbonio'r sefyllfa a'r ddyletswydd sydd arnom i ymateb i newid hinsawdd heddiw.

Hwyl am y tro!

Gorffennaf 2019

Siomedig iawn yw'r ffordd orau i ddisgrifio'r tywydd a gafwyd ym Mehefin eleni, efo glaw trwm a chawodydd cas ynghyd â'r oerfel yn gwneud pethau'n ddigon diflas ar y tir. Yn ôl ystadegau, y 12fed o Fehefin oedd y diwrnod oeraf yng nghanolbarth Lloegr ers 140 o flynyddoedd, a doedd fawr o syndod efo'r tymheredd yn dangos naw gradd ar y car yma ganol bore. "Glaw Mehefin, cynnydd yr egin" yn ôl y sôn, sy'n argoeli'n dda i'r rhai sydd wedi ailhadu'n ddiweddar.

O ganlyniad i'r tywydd mae'r cneifio wedi bod yn anodd iawn i'w drefnu gan fod angen diwrnodau sych i fedru cneifio o dan yr awyr agored i fyny ar y mynydd. Cawsom ddiwrnod o gneifio ddiwedd mis Mai a chneifiwyd y gweddill wythnos olaf mis Mehefin – braf oedd eu cael wedi'u gorffen. Felly hefyd oedd hanes y silwair gan nad oedd siawns o

System ddŵr newydd Cyniwyll

gynaeafu tan y diwrnod hiraf. O ganlyniad mae'r llanw yn llawer mwy na'r arfer, yn enwedig efo cae Sŵn yr Afon yn ychwanegol eleni. Wrth gwrs mae pob amser gyfaddawd – llanw da ond yr ansawdd yn sicr yn salach.

Cwestiwn a fydd yn sicr yn cael ei ofyn yn amlach yn y dyfodol yw beth yw gwerth dŵr, ac a ydyn ni'n ei werthfawrogi a'i barchu ddigon? Dros y chwe wythnos diwethaf rydym wedi bod yn draenio a gosod system ddŵr

Pen-blwydd hapus Thomos!

yng nghaeau Cyniwyll er mwyn sicrhau fod digon o gyflenwad yno i'r stoc. Nid oedd diferyn i'w gael yno flwyddyn yn ôl er bod mannau gwlyb yn y caeau, ond wrth gwrs mae yno ddigonedd eleni, sy'n dangos nad prinder dŵr yw'r broblem ond ein diffyg ni i fedru ei ddal a'i storio. Efo ffynnon dda wedi ei chreu a thanciau concrit mawr wedi eu gosod dylai fod digon o ddŵr glân i gynnal y stoc, heb iddynt orfod mynd i chwarae a 'slotian' yn y ffosydd.

Rydym wedi dechrau rhoi tarw potel i'r heffrod sy'n golygu bod gwaith dyddiol bob bore – casglu'r heffrod i'r buarth a cheisio dyfalu pwy sydd wedi bod yn gofyn tarw. Nid ar frys y mae'r heffrod yn cerdded ond drwy lwc mae Russ, y ci bach newydd, wrth ei fodd yn cyfarth a 'cowshio'r' heffrod sy'n cyflymu'r broses yn sylweddol.

Rydym yn defnyddio geneteg o Seland Newydd a grëwyd yn arbennig ar gyfer systemau pori glaswellt, efo'r gwartheg ychydig yn llai na'r arfer – tua 500kg o'i gymharu â buwch Holstein sy'n agosach at 700kg. Geneteg groes yw'r Kiwicross wedi ei chreu o Friesian Seland Newydd wedi'i chroesi â Jersey i greu buwch sydd â'r gallu i gynhyrchu llaeth o ansawdd oddi ar borfa. Mae'r cwmni yn anfon technegwyr AI o Seland Newydd draw yma i wneud y gwaith ac felly mae Chrisy yma efo ni am gyfnod o tua dau fis. Os gwelwch fan fach wen efo 'Dorset Rentals' arni cofiwch ddweud helô – mae hi wrthi'n ceisio dysgu'r Gymraeg yn barod!

Mae Morgan wedi pasio ei brawf gyrru yn ddiweddar, ond efo 'black box' ar ei gar does fiw iddo yrru'n wyllt neu bydd ei yswiriant trwy'r to! Mae rifyrsio Morgan tipyn gwell na rifyrsio Chrisy! Mae ei goleg wedi gorffen am eleni ac mae ganddo flwyddyn o waith ymarferol o'i flaen sy'n golygu na fydd yn ôl yn y coleg tan fis Medi 2020. Hefyd wedi gorffen yn yr ysgol a'i arholiadau mae Rhun, a bydd yma yn gweithio dros y misoedd nesaf cyn dechrau yn Llysfasi ym mis Medi. Bu pen-blwydd arwyddocaol arall yma'n ddiweddar efo Thomos yn dathlu ei 21ain. Mae'r amser yn hedfan a'r bechgyn yn tyfu'n ddynion heb i ni sylwi.

Llongyfarchiadau mawr i Mat Gyfylche – llwyddodd i gerdded naw copa uchaf y DU dros gyfnod o dri diwrnod a chasglu dros £12,000 i DPJ Foundation er mwyn cynorthwyo unigolion sy'n dioddef o broblemau iechyd meddwl.

Hwyl am y tro!

Hydref 2019

I ble aeth yr haf? Mae Sioe Llanfair wedi pasio a dyma ni unwaith eto ar ddechrau'r hydref a'r haf wedi hedfan heibio. Mae'r haf wedi bod yn un ardderchog i ni amaethwyr efo digon o haul braf a chyfnodau o law i dyfu porfa ac i egino hadau. Siomedig iawn oedd gweld yr haf yn diflannu mor sydyn ddiwedd Medi efo stormydd trwm, gwynt a glaw yn rhoi socfa go iawn. Mae'n siŵr fod pob ysgubor yn llawn eleni efo digon o borthiant ar gyfer y gaeaf sydd i ddod, sy'n argoeli i fod yn un hir a chaled os oes coel ar y dywediad fod y coed yn llawn o gnau yn arwydd o dywydd drwg. Nid wyf erioed wedi gweld cymaint o gnau ar y coed, a'r cnau hefyd wedi aeddfedu'n llawn, sy'n grêt i mi gan fy mod fel wiwer, wrth fy modd yn casglu a bwyta'r cnau. Oes rhywun arall wedi sylwi fod yna lawer llai o wiwerod o gwmpas eleni? Ai dyma pam fod gorfoledd o gnau?

Yn anffodus, does neb fawr callach ynglŷn â Brexit heddiw nag yr oedden ni ar ddechrau'r haf. Er bod arweinydd newydd, sef Boris Johnson wrth y llyw, nid yw pethau i'w weld yn gwella a does fawr o obaith fod y sefyllfa ar fin cael ei datrys. Byddai gadael ar ddiwrnod olaf mis Hydref heb gytundeb yn drychinebus i'r diwydiant cig coch ac yn arbennig i gig oen gan fod treth o 48% yn cael ei roi ar allforion. Byddai hyn yn dyblu pris ein hŵyn dros nos ac yn eu gwneud yn rhy ddrud i wledydd Ewrop. Rhaid cofio bod 65% o gig oen Cymru yn cael ei allforio i Ewrop, ac felly mae'n hanfodol bwysig fod cytundeb yn ei le neu ni fydd marchnad i'r ŵyn. Mae pris gwartheg tewion yn wael iawn ar y funud efo prisiau 50c/kg yn is na llynedd, ac mae prisiau'r ŵyn wedi gostwng yn sylweddol dros yr wythnosau diwethaf – er bod y bunt yn wan yn erbyn yr ewro, sydd fel arfer yn creu mwy o alw. Pwy a ŵyr beth fydd yn digwydd dros yr wythnosau nesaf – yn anffodus mae synnwyr cyffredin i weld yn beth go brin.

Dros y mis diwethaf rydym wedi bod yn gwerthu defaid magu ym marchnad y Trallwng er mwyn gostwng niferoedd y defaid erbyn y flwyddyn nesaf. Bydd yn rhaid i'r defaid fyw ar y mynydd o hyn ymlaen gan fod angen y tir o amgylch Llysun i'r gwartheg godro. Ein bwriad yw cadw tua thraean y defaid a'u hwyna allan ym mis Ebrill. Mae hi'n teimlo'n rhyfedd iawn yma'n barod efo llai o ddefaid o gwmpas y lle.

Efo'r tywydd ffafriol ac ychydig o gaeau wedi cael eu hailhadu efo plantain a chicory mae'r ŵyn wedi pesgi'n dda eleni, ac o ganlyniad mae dros ¾ yr ŵyn wedi cael eu gwerthu yn barod. Y broblem fwyaf a gawsom dros yr haf oedd rhai yn cynrhoni sy'n tanlinellu pwysigrwydd rhoi triniaeth iddynt efo CLiK neu ddipio. Cafodd yr ŵyn lleiaf eu dipio adeg dyfnu, ond gan fod yr ŵyn gorau i weld yn agos at besgi penderfynais beidio â rhoi triniaeth iddynt. Yn anffodus cafodd sawl oen gynrhon – 'hindsight is a wonderful thing'!

Mae'r heffrod godro wedi altro'n arw dros yr haf ac ar fin cael eu sganio i weld a ydynt yn gyflo. Cawsom tua mis o AI gan darw godro ac yna tua thair wythnos o AI gan darw Angus, a phedwar tarw yn 'sweepio' am tua thair wythnos ar y diwedd, a fydd yn golygu cyfnod lloio o tua deg wythnos o'r 1af o fis Mawrth. Cafodd y cyfan eu sganio'r wythnos ddiwethaf efo 3% yn wag sy'n ganlyniad boddhaol iawn. Y bwriad yw godro am ddeg mis o'r flwyddyn ac yna sychu'r gwartheg am ddau fis cyn dechrau eto. Felly mae cael cyfnod lloio byr yn hanfodol bwysig i'r system. Mae lloi bach eleni (ailddodiadau blwyddyn nesaf) wedi cyrraedd o Lannefydd ond nid ydynt cweit cystal â lloi llynedd i weld am ryw reswm, felly mae'r cyfan wedi cael brechiad rhag niwmonia i'w paratoi ar gyfer y gaeaf.

Cawsom ddigwyddiad olaf Cyswllt Ffermio yma ar y 24ain o'r mis a oedd yn rhoi sylw i'r camau pwysig wrth fagu lloi bach. Bu Owen Atkinson, milfeddyg sy'n cynghori ar systemau godro yn trafod sawl elfen – pwysigrwydd glendid, dewis y math o deth i'w sugno, cotiau ar y lloi mewn cyfnodau oer, colostrwm a sawl agwedd arall. Cafwyd sgwrs agored ac adeiladol iawn efo tua 20 wedi mynychu'r sesiwn.

Erbyn hyn mae'r fenter newydd yn dechrau siapio efo system ddŵr newydd wedi cael ei gosod trwy'r caeau i gyd er mwyn sicrhau bod cyflenwad digonol o ddŵr ym mhob cae. Mae Pryce Roberts a'i griw wrthi yn adeiladu'r sylfaen i'r parlwr godro, a Glyn Penparc, Eifion a Dei Bebb yn gosod traciau. Mae Mawrth y 1af yn agosáu'n llawer rhy gyflym! Gobeithio y cawn aeaf sych. Mae Morgan wedi dechrau ar ei gyfnod profiad gwaith o'r coleg ers canol mis Awst, ac wedi ymgartrefu erbyn hyn yn Drysgol Goch, Llanfyrnach, efo Seimon, Eleanor a Sion Thomas. Mae'r teulu yn godro 700 o wartheg byr gorn efo tua hanner yn lloio yn y gwanwyn a'r hanner arall yn yr hydref, ac felly mae'n cael profiad gwych ac yn mwynhau'n fawr.

Cafodd Beti, y ci bach anturus, ddamwain yn ddiweddar wrth iddi gwympo o'r beic a finnau'n gyrru drosti (yn ddamweiniol!) ac ar ôl crio mawr bu rhaid ymweld â'r milfeddyg a chael y diagnosis – 'dislocated hip'.

Russ ar y beic

Mae hithau nawr mewn sling am dair wythnos mewn cawell yn y tŷ. Cŵn, cŵn, cŵn!

Hoffwn ddiolch i drefnwyr Sioe Llanfair am eu holl waith caled i sicrhau llwyddiant y sioe. Mae criw gwych o wirfoddolwyr yn gweithio'n galed i baratoi'r cae erbyn y sioe a braf yw gweld cymaint o'r gymuned ehangach yn mynychu'r sioe ac yn ei chefnogi. Rhaid canmol safon ac ansawdd y stoc eleni, yn arbennig y gwartheg – roedd Les yn gorfod crafu ei ben yn arw i benderfynu pwy oedd yn haeddu'r bencampwriaeth.

C'mon Cymru! Hwyl am y tro!

Tachwedd 2019

Wedi'r awr droi yn ei hôl a dail y coed yn eu gogoniant mae'r hydref wedi wir gyrraedd ac oglau tân ar yr aelwyd yn rhoi teimlad o gysur a chynhesrwydd – heb sôn am y cyfle i ddechrau gwylio *Pointless* unwaith eto am ychydig fisoedd! Ond am fis gwlyb a diflas oedd mis Hydref – "bydd hi'n well wythnos nesaf" oedd y gobaith, ond yn anffodus ni chafwyd hynny a'r mis yn gorffen efo llifogydd yn ogystal â dagrau wrth i Gymru golli i Dde Affrica yn rownd gynderfynol Cwpan y Byd.

Mae Brexit wedi cael ei ohirio unwaith eto, er holl addewidion Boris, ac etholiad yn debygol iawn cyn y Nadolig, ond er gwaethaf yr holl chwarae gwleidyddol mae'n rhaid i fywyd dyddiol a busnes barhau ynghanol yr holl ansicrwydd ac annibendod. Mae'r bygythiad 'No Deal' i'w weld wedi cilio am nawr sy'n rhyddhad mawr i'r diwydiant amaeth sy'n dibynnu cymaint ar delerau masnach ffafriol a theg i fedru allforio ein cynnyrch i wledydd tramor Ewrop yn arbennig. Beth bynnag yw eich barn ar Brexit mae angen cael cytundeb a diweddglo i'r broses er lles holl wledydd a thrigolion y DU.

Erbyn hyn mae'r ymgynghoriad ar 'Ffermio Cynaliadwy a'n Tir' (sef polisi amaeth newydd Llywodraeth Cymru) wedi cau, a gobeithio bod sawl un ohonoch wedi ymateb i'r ymgynghoriad. Bwriad y Cynulliad yw cael busnesau sy'n amodi i fynegi diddordeb yn y cynllun newydd ac yna bydd cynghorydd/ymgynghorydd yn ymweld â phob ffarm neu fusnes ac yn ffurfio cynllun gweithredol unigryw ar eu cyfer. Efo dros 15,000 o fusnesau yn hawlio'r Taliad Sengl ar y funud, pa obaith sydd gan y llywodraeth i ddod o hyd i ddigon o gynghorwyr, heb sôn am y gost o gyflogi'r holl bobol a gweinyddu'r cynllun? Mae gan RPW Online ein holl fanylion yn barod efo pob cae wedi ei fapio a phob coeden, craig a llyn wedi'u nodi, felly gwell fyddai defnyddio'r data yma a chydweithio gyda'r ffermwyr yn ddigidol. Nid oes unrhyw daliad sylfaenol yn rhan o'r cynllun newydd felly er mwyn derbyn cymorth bydd rhaid i bawb fynegi diddordeb a dilyn y broses.

Mae Lesley Griffiths hefyd wedi cyhoeddi y bydd Cymru gyfan yn ardal NVZ (Nitrate Vulnerable Zone) o fis Ionawr ymlaen, sy'n golygu y bydd yn rhaid i bob ffarm fod â digon o le/stôr i gadw tail a slyri am bum mis ac ni fydd hawl chwalu gwrtaith, slyri na thail o ganol mis Hydref hyd at fis Chwefror o dan y rheolau newydd. Bydd hyn yn cael effaith sylweddol a niweidiol iawn ar y nifer o wartheg a fydd yn cael eu cadw yn yr ucheldiroedd – bydd angen buddsoddiad sylweddol ar sawl ffarm sy'n golygu na fydd yn bosib cadw gwartheg. Mae gwartheg yn rhan bwysig iawn o'r cylch carbon ac yn bwysig iawn i gadw'r amgylchedd a chefn gwlad yn gynaliadwy ac yn edrych fel y mae. Er yr holl newyddion negyddol a niweidiol sydd wedi bod ynglŷn â bwyta cig coch a'r amgylchedd mae'r olwyn yn dechrau troi efo gwir werth a phwysigrwydd anifeiliaid a phori yn dechrau dod yn fwy amlwg er gwaethaf ymdrechion swta Tesco i hysbysebu cig artiffisial.

Er bod y rhan fwyaf o ffermwyr wedi cofrestru eu hesemptiadau gwastraff (waste exemptions) mae Cyfoeth Naturiol Cymru yn gofyn i bawb ailgofrestru ar-lein er mwyn adnewyddu eu trwydded. Felly cerwch ar wefan Cyfoeth Naturiol Cymru a chwiliwch am y linc. Mae cyfle unwaith eto eleni i dderbyn 90% o'ch Taliad Sengl ar y 1af o Ragfyr, ond er mwyn sicrhau taliad mae'n rhaid cofrestru neu fynegi diddordeb erbyn y 29ain o Dachwedd.

Mae prisiau'r ŵyn yn siomedig iawn – i lawr tua 25c/kg (ar y bachyn) o'u cymharu â phrisiau llynedd, ond mae prisiau gwartheg tewion yn codi llawer mwy o bryder gan fod eu gwerth wedi gostwng tua £100 sy'n cael effaith mawr ar brisiau gwartheg stôr. Mae'r sefyllfa'r un fath ar draws Ewrop er bod y ffigyrau diweddaraf yn dangos cynnydd yn y galwad am gig eidion a'r archfarchnadoedd wedi gwerthu mwy na llynedd. Mae hen ddefaid yn gwerthu'n syndod efo galwad cadarn amdanynt gan y gymuned ethnig, efo'r rhan fwyaf yn mynd i wneud cyri a cebabs.

Cefais fy ngwahodd i ddiwrnod agored Pickstocks yn ffarm Brongain, Llanfechain yn ddiweddar, a chael cyfle i weld a dysgu mwy am eu cynlluniau ar gyfer cynhyrchu cig eidion yn gynaliadwy. Mae buddsoddiad sylweddol wedi bod ar y ffarm i alluogi derbyn lloi Angus i mewn o fuchesi godro, eu magu, pori am gyfnod ac yna eu pesgi erbyn 22 mis oed. Mae eu gweledigaeth yn un sy'n seiliedig ar fod yn gynaliadwy ac mae'n rhaid canmol y teulu am fuddsoddi'n helaeth o fewn yr ardal a chefnogi busnesau lleol a chyflogi pobol leol.

Braf oedd croesawu ymweliad blynyddol dosbarth amaeth yr ysgol uwchradd i ddewis ŵyn tewion wythnos diwethaf, a da oedd gweld y fath frwdfrydedd yn y genhedlaeth nesaf. Roedd yn rhaid i bob disgybl ddewis dau oen o ran siâp a braster, eu pwyso a chofnodi'r rhif yn eu clust ac yna bydd cyfle iddynt ddadansoddi'r canlyniadau ar ôl i'r ŵyn gael eu lladd a'u graddio. Mae'n gystadleuaeth ddwys iawn i ddod o hyd i'r oen gorau a does neb sy'n fwy cystadleuol na Mr Griffiths!

Efo'r tywydd gwlyb mae rhai o'r heffrod wedi gorfod dod i mewn ac ychydig o rigolaeth y gaeaf wedi dechrau wrth agor y pit silwair a gwellta. Mae ychydig o 'kale' a 'forage rape' ar gael i rai o'r heffrod, ac er bod llawer o fwd o ganlyniad i'r holl law, mae'r heffrod i weld yn llawer hapusach allan na'r rhai sydd i mewn ar goncrit. Cadw'r tacle tu ôl i'r ffens electrig yw'r sialens!

Y parlwr godro yn dod yn ei flaen!

Mae'r parlwr godro wedi cyrraedd o Seland Newydd a'r criw o arbenigwyr wedi dechrau ei roi yn ei le. Y gobaith yw y bydd y parlwr wedi ei orffen erbyn y Nadolig fel bod cyfle i ddechrau hyfforddi'r heffrod i fynd ymlaen i'r 'platfform' cyn eu bod yn dechrau lloio a godro ym mis Mawrth. Mae'r gwaith 'on-track' ond mae llawer eto i'w wneud.

Rhaid canmol mudiad Ffermwyr Ifanc y sir am gynnal eisteddfod wych yn y Ganolfan yn Llanfair ddydd Sadwrn diwethaf. Mae'r holl gystadlu a'r talent yn anhygoel a hefyd da oedd gweld y Ganolfan yn llawn a chymaint yn cefnogi. Llongyfarchiadau i bawb a fu'n cystadlu a da iawn i glwb Dyffryn Banw am ddod yn ail ar y diwrnod.

Hwyl am y tro!

Rhagfyr 2019

Glaw, glaw a mwy o law oedd hanes mis Hydref ac felly hefyd y bu mis Tachwedd, ond efo ychydig o eira yn ecstra i wneud yn siŵr fod pawb wedi sylweddoli bod y gaeaf wedi cyrraedd. Er mor ddiflas y bu'r tywydd yma, ffodus iawn oeddem o gymharu â llawer o siroedd Lloegr a gafodd lifogydd mawr a wnaeth ddinistrio cartrefi a gorchuddio aceri ar aceri o dir. Mae yna gannoedd o aceri o datws ac India-corn ar ôl heb eu cynaeafu ac ar ôl wythnosau o dan ddŵr mae'n bur annhebyg y bydd cynhaeaf i'w gael ohonynt bellach. Rydym yn ffodus iawn fod y dŵr yn llifo i ffwrdd oddi wrthym yma yn yr ucheldiroedd, ac nad oes prinder ohono chwaith.

Etholiad sydd i fod ar y 12fed o Ragfyr sy'n golygu bod pob plaid yn addo popeth i bawb ac yn rhoi bai ar ei gilydd am holl ddiffygion y wlad. Mae'r penderfyniad am bwy i bleidleisio drosto yn un anodd iawn eleni, ac er i mi fynychu noson o 'hustings' yn y Royal Oak, tydw i ddim callach. Siomedig ydwyf nad yw Plaid Cymru yn sefyll yn Sir Drefaldwyn a bod 'tactics' a 'deals' yn cael eu gwneud yn hytrach na gadael i'r cyhoedd gael mynegi eu barn ar y papur balot. Mae pawb wedi syrffedu ar wleidyddion erbyn hyn ac wedi cael llond bol ar drafod Brexit, ond er hynny, mae'n bwysig iawn fod pob un ohonom yn pleidleisio.

Mae mwyafrif yr heffrod i mewn erbyn hyn, heblaw am un giang sy'n pori ar kale a maip yn Sŵn yr Afon. Nid yw'r tywydd wedi bod yn ffafriol iawn i bori'r cae, ond er gwaethaf y glaw a'r mwd mae'r heffrod i weld yn hapus eu byd ac yn falch o'n gweld bob bore wrth i ni symud y ffens electrig i gael darn ffres o dir. Araf oeddent i fwyta'r maip ar y dechrau ond erbyn hyn maent wedi cael blas ac yn bwyta'r cyfan, ac yna yn gwneud eu ffordd yn ôl i'r sied am ychydig o silwair fin nos.

Yn hwyrach nag arfer, cafodd yr hyrddod eu troi allan ar y 10fed o Dachwedd. Bydd yn rhaid i'r chwe hwrdd Abervale (Texel x Charollais) weithio'n galed yng nghanol y 400 o ddefaid. Diddorol fydd gweld a fydd wyna'n hwyrach yn cael effaith ar y ganran wyna a'r nifer sy'n wag. Rydym yn ymdrechu i werthu cymaint o'r ŵyn â phosib cyn bod yr hyrddod yn dechrau creu ŵyn y tymor nesaf, ond mae un llwyth bach ar ôl eleni, ac efo'r pris wedi cryfhau yn ddiweddar efallai byddai'n well pe bai sawl llwyth ar ôl!

Cafodd 20 ohonom drip gwych efo'r gymdeithas Tir Glas yn ymweld â lladd-dy a ffatri newydd Pickstocks yn Telford wythnos diwethaf gan gael ein tywys drwy'r holl broses. Maent yn cydweithredu'n agos efo McDonald's a sawl cwmni adnabyddus arall, gan brosesu cig eidion o safon yn ogystal â llawer iawn o wartheg godro croes i gyflenwi eu holl ofynion. Mae'n angenrheidiol bod y safonau o'r radd uchaf ym mhob rhan o'r broses, yn enwedig gan fod 300 o gamerâu CCTV yn y ffatri yn cael eu darlledu'n fyw i bencadlys McDonald's yn yr Almaen! Braf oedd gweld y fath fuddsoddiad a gweledigaeth hir dymor mewn cig eidion a'r diwydiant ym Mhrydain. I orffen roedd rhaid galw i mewn i McDonald's yn yr Amwythig i brofi'r cynnyrch!

Ond wrth gwrs, nid oes rhaid trafeilio'n bell am noson hwyliog a hynod ddiddorol! Cafwyd noson ddifyr yn y Cann Offis efo Alwyn Hughes yn adrodd hanes a ffeithiau am y lle – byddwn wedi bod yn ddigon hapus yn gwrando arno trwy'r nos yn dweud straeon am y gorffennol! Yn hanesyddol, fel ydyw heddiw wrth gwrs, roedd y Cann Office Hotel yn garreg filltir bwysig ac arwyddocaol iawn, ac fel y soniodd Alwyn, Cann Office sy'n ymddangos ar holl gerrig milltir y fro. Cawsom glywed y 'gwir' am yr enw a'r dyddiad 1310 sydd ar yr adeilad, y Meibion, Clwb Cian a llawer mwy. Os cewch chi gyfle i wrando arno yn adrodd yr hanes yna ymdrechwch i fynd. Diolch i ti, Alwyn.

Llongyfarchiadau mawr i Caryl Lewis, Tremafon ar dderbyn gwobr genedlaethol 'Centenary Award' gan NFU Mutual i gefnogi ei hastudiaethau pellach ym mhrifysgol Harper Adams. Mae Caryl yn ymchwilio i ddulliau a systemau ffermio cynaliadwy sy'n berthnasol iawn heddiw wrth geisio sicrhau dyfodol i'r diwydiant amaethyddol sy'n cydnabod pwysigrwydd gofalu am ein cyfalaf naturiol er lles y cenedlaethau nesaf. Edrychwn ymlaen at ddarllen dy bapur pan ddaw'r amser, ac efallai cawn erthygl i'r *Plu*!

Bydd y Nadolig yma mewn tair wythnos dda, a gan mai hon yw erthygl olaf 2019 ga i ddymuno Nadolig llawen a hapus i chi gyd a blwyddyn newydd dda. Gwerthfawrogwch a mwynhewch hwyl yr ŵyl!

Plu'r Gweunydd

Dyddiaduron 2020

Ionawr 2020

Blwyddyn newydd dda a chroeso i 2020! Pa brofiadau a rhyfeddodau sy'n ein disgwyl dros y 12 mis nesaf 'sgwn i? A beth fydd Boris a'i griw wedi'i gyflawni erbyn yr adeg yma'r flwyddyn nesaf? Pwy a ŵyr, ond fel person optimistaidd edrychaf ymlaen at y flwyddyn newydd yn llawn gobaith a brwdfrydedd. Efo'r diwrnod byrraf y tu cefn i ni a'r diwrnodau'n ymestyn mae rheswm da dros fod yn optimistig (er gwaethaf y tywydd!). Ar ddechrau'r flwyddyn, gobaith pob ffarmwr yw y cawn wanwyn da, tyfadwy a thywydd da i'r wyna, neu loio.

Roedd 2019 yn flwyddyn ddigon derbyniol i ni amaethwyr er nad oedd prisiau ein cynnyrch yn dda. Ond mae hi'n syndod, os yw'r tywydd yn weddol ffafriol a bod pawb wedi cael digon o gynhaeaf rydym ni ffermwyr yn fodlon ein byd – mor fodlon ag y mae ffermwyr yn gallu bod! Rhai o uchafbwyntiau 2019 i mi oedd cyfnod AI yr heffrod efo Chrisy o Seland Newydd, Russ y ci newydd, gweld y parlwr godro yn cymryd siâp, Eisteddfod Powys, ac fel yr arfer, Sioe Llanfair. Ond yn anffodus, ni ddaw atgofion melys heb ambell un trist ac felly ydoedd wrth i Modlen, yr ast farw ar ddechrau'r haf.

Fe ddechreuodd mis Rhagfyr gyda'r rhaglen deledu *Meat: A threat to our planet?* efo'r gohebydd Liz Bonnin yn ymweld â ffermydd yn yr Unol Daleithiau, yn bennaf, a oedd yn cynhyrchu bwyd gan ddefnyddio systemau dwys. Fe hoffais lawer o agweddau ar y rhaglen, ond cefais fy synnu nad oedd Liz Bonnin erioed wedi ystyried sut oedd ei bwyd yn cael ei gynhyrchu nac yn gwybod bod y fath systemau yn bodoli. Nid ydw i chwaith yn gyfforddus nac yn cytuno â'r fath systemau. Mae pawb eisiau prynu eu bwyd yn rhad ond wedyn yn anghyfforddus iawn wrth ddeall beth yn union y mae hyn yn ei wir olygu. Mae cost i fwyd rhad. Mae'n rhaid parchu'r anifail sy'n ei gynhyrchu a dangos tosturi tuag atynt.

Siomedig iawn oedd methiant y rhaglen (neu'r BBC) i gyflwyno'r holl ffeithiau a rhoi cydbwysedd i'r pwnc gan dynnu sylw at y systemau pori sy'n bodoli yma yng Nghymru a gweddill y DU. Nid peidio â bwyta cig oedd yr ateb i Liz Bonnin ond i fwyta cig sydd wedi cael ei gynhyrchu'n lleol ac yn gynaliadwy oddi ar borfa. Wedi'r cyfan mae dros 80% o dirwedd Cymru yn anaddas i dyfu cnydau, a gan nad ydym yn gallu treulio glaswellt pa ffordd well o gynhyrchu protein o ansawdd na thrwy gael defaid a gwartheg i bori'r ucheldiroedd?

O'r diwedd, ar ôl llawer o brotestio cryf gan yr undebau, mae Lesley Griffiths a'i gweision sifil wedi gohirio'r penderfyniad ar weithredu NVZs (Nitrate Vulnerable Zones) ar draws Gymru o ddechrau Ionawr. Byddai hyn wedi gwahardd ffermwyr rhag chwalu slyri neu dail o ganol mis Hydref hyd at ganol mis Chwefror. Nid oedd cynllun gweithredu yn bodoli ac ni roddwyd ystyriaeth lawn i'r oblygiadau ar y diwydiant. Mae ansawdd dŵr ein hafonydd yn bwysig ac mae dyletswydd ar bob ffarmwr i ymddwyn yn gyfrifol wrth chwalu slyri, tail a gwrtaith neu unrhyw beth arall sy'n arllwys i'n hafonydd. Un peth yn sicr, nid yw'r mater wedi diflannu o flaenoriaethau Lesley Griffiths ac mi ddaw yn ei ôl. Ar nodyn gwahanol, mae'r gweinidog wedi cadarnhau y bydd Cynllun y Taliad Sylfaenol (BPS) yn parhau heb newid hyd 2021.

Yr heffrod yn dechrau ar eu taith dros bont Llangadfan

Mae Hybu Cig Cymru yn hysbysebu am bedwar aelod newydd i ymuno â'r bwrdd, ac felly os oes gennych ddiddordeb mewn ceisio llywio llwybr dyfodol cig coch dros y blynyddoedd nesaf yna ymgeisiwch drwy ymweld â'u gwefan.

Mae'r heffrod wedi cael dos ffliwc a'u sortio i'w 'expected due dates', heblaw am heffrod Sŵn yr Afon sydd, er gwaethaf y mwd, wedi bod yn hapus eu byd yn pori'r kale, ond efo sied yn barod ar eu cyfer yn Llysun fe'u cerddwyd adref o Langadfan i Lanerfyl ar fore Nadolig (dim traffig!). Mae'r hyrddod wedi eu gwahanu oddi wrth y defaid, ac yn wahanol i'r arfer ni fydd sganio defaid yma ym mis Ionawr eleni.

Cyn y Nadolig cawsom gyfle i fynd i Lundain i weld sioe newydd Steffan Harri, *Girl from the North Country*, yn y Gielgud Theatre. Sioe wedi ei seilio ar ganeuon Bob Dylan ydy hi, efo stori gref yn adrodd trafferthion bywyd yn ystod dirwasgiad y 1930au yn America. Wrth gwrs, roedd yn berfformiad gwych a Steffan yn serennu efo solo anhygoel o'r gân 'Duquesne Whistle' a hynny mewn siwt wen! Pleser oedd gweld Steffan ar y llwyfan a chawsom 'goosebumps' wrth iddo ganu.

Pob lwc efo'r addunedau blwyddyn newydd a dymuniadau gorau ar gyfer 2020.

Roedd hi'n dawel ar y ffordd fawr diwrnod Dolig!

Chwefror 2020

Wel, dyma fy erthygl olaf fel dinesydd o'r Undeb Ewropeaidd ar ôl i saga Brexit ddod i ben ar ddiwrnod olaf mis Ionawr. Arweiniodd Boris y dathliadau drwy drefnu bod Big Ben yn canu'r 'Brexit Bong' a chyhoeddodd ddarn 50 ceiniog newydd i gofio'r achlysur!

Efo teimladau cryf ar ddwy ochr y ddadl a oes angen dathlu neu a fyddai'n well i'r arweinwyr 'just get on with it'? Wedi'r cyfan, nid ar ddechrau'r broses y dylid dathlu gan nad oes llawer wedi ei gyflawni eto! Amser a ddengys, ond pryderu ydw i am ein diwydiant amaeth os caiff Trump afael ar y trafodaethau masnach a chael ei ffordd ei hun – aberth fydd.

Gwelais ddyfyniad da yn ddiweddar, gan Socrates, sy'n addas iawn i sawl sefyllfa bresennol. Dywedodd, "The secret of change is to focus all of your energy, not on fighting the old, but on building the new".

Mae'r 'countdown' wedi dechrau o ddifri yma a phanics go iawn gan fod y lloio i fod i ddechrau tua'r 7fed o Fawrth! Mae'r cloc yn tician a chymaint angen ei wneud cyn bod modd dechrau godro, ond efo pawb yn gweithio fel morgrug dylai popeth ddod at ei gilydd. Mae Alun wrthi'n weirio, Pryce Roberts yn adeiladu, Glyn yn creu'r traciau a ninnau yn ceisio ffensio a gosod tanciau dŵr tu ôl iddo. Braf oedd cael seibiant o'r glaw i fedru gyrru ymlaen â'r gwaith a chael gorffen gosod y peips dŵr trwy'r caeau. Mae system ddŵr newydd wedi ei gosod trwy'r holl gaeau gan nad oedd un yn bodoli o'r blaen – roedd yr afon yn arfer bod yn ddigonol i ofynion y defaid a'r gwartheg biff.

Cafodd yr heffrod i gyd eu 'freeze-brandio' efo rhif unigol er mwyn medru eu hadnabod yn haws, yn hytrach na gorfod syllu a chraffu ar dag bach yn y glust, ac wrth i'r heffrod fynd trwy'r crush cawsant hefyd eu brechiad blynyddol ar gyfer BVD, Lepto ac IBR. Mae'r heffrod yn edrych yn dda efo ambell un ychydig yn dewach na beth fyddai'n ddelfrydol. Yn anffodus, rydym wedi cael mastitis mewn tua deg ohonynt sy'n anarferol iawn i heffrod yn ôl y milfeddyg – rydym yn amau efallai bod rhai o'r heffrod wedi bod yn sugno ei gilydd dros yr haf ac wedi agor blaen y deth sydd wedi galluogi i'r drwg fynd i mewn.

Mae dwy heffer wedi taflu llo yn gynnar ac er mwyn archwilio i'r achos fe aeth gwaed o'r fuwch ynghyd â'r llo marw i'r ganolfan VI (Veterinary Investigation) yn yr Amwythig a darganfuwyd bod Neospora arnynt. Afiechyd sy'n cael ei achosi gan barasit ydyw sy'n cael ei drosglwyddo i'r fuwch gan faw cŵn a llwynogod a.y.y.b., ac yna'n heintio'r fuwch a'r llo sy'n ei bol, ond nid yw'n cael ei drosglwyddo o fuwch i fuwch. Neospora sy'n gyfrifol am fwyafrif yr erthyliadau mewn gwartheg ac nid oes brechiad ar ei gyfer eto.

Bydd rhaid cymryd gwaed o'r heffrod i gyd er mwyn gallu adnabod y rhai sydd â'r clwy er mwyn sicrhau nad ydym yn cadw heffrod i fagu ohonynt. Mae'r rhan fwyaf o wartheg sydd â Neospora yn medru byw bywyd llawn heb effeithio arnynt. "Every day is a school day" fel yr ydw i'n dweud wrth Thomos yn aml!

Rydym wedi chwarae efo 'plate meter' ers tua dwy flynedd i fesur porfa, ond nawr bod fframwaith o gaeau llai byddwn yn mesur yn rheolaidd er mwyn gwybod faint o laswellt sy'n cael ei dyfu a faint sydd yno ar gyfer y gwartheg. Buom allan ar ddechrau mis Ionawr i fesur ac ar gyfartaledd roedd yno 1904 kg/DM (dry matter) i bob hectar. Mae gofynion y gwartheg tua 15kg/DM y dydd. Bu cyfle i fynd â slyri allan i fwyafrif y caeau wrth i'r glaw gadw draw am wythnos, a dylai hynny annog tyfiant o borfa. Hefyd, gan fod y tywydd wedi bod yn gymharol fwyn trwy'r gaeaf nid yw tymheredd y pridd wedi gostwng yn ddigon isel i'r glaswellt beidio â thyfu.

Mae GrassCheck GB yn brosiect mesur a gwerthuso porfa sy'n cynnwys 50 ffarm ar draws y DU. Mae'r data yn cael ei rannu trwy gydol y tymor tyfu, fel arfer yng nghefn y *Farmers Weekly* neu'r *Farmers Guardian*. Un ffarmwr

Yr heffrod yn eu sied newydd

sy'n rhan o'r prosiect yw Alwyn Philips sy'n ffermio yn ymyl Caernarfon, ac ar raglen *Byd Amaeth* efo Dei Tomos ar y 25ain o Ionawr fe esboniodd Alwyn ei fod wedi cynyddu ei dyfiant porfa o dair tunnell yr hectar y flwyddyn drwy fesur porfa a ffensio ei gaeau i unedau llai. Roedd y cyfweliad yn hynod o ddiddorol. Yn 2019, 11.9t/DM/ha oedd cyfartaledd tyfiant porfa'r 50 ffarm, 9.7t/DM/ha oedd cyfartaledd ffermydd defaid a biff, a 13.9t/dim/ha oedd cyfartaledd ffermydd godro. Mae mwy o fanylion ar wefan GrassCheck GB.

'Plate meter' i fesur porfa

Mae prisiau'r ŵyn wedi gwella'n sylweddol eleni (hyd yn hyn) a hefyd prisiau'r hen ddefaid, efo prinder ŵyn yn gyrru'r gwelliant. Gobeithio y bydd y prisiau yn cadw'n gryf wrth fynd i mewn i'r haf. Yn ôl ffigyrau diweddaraf o Seland Newydd, mae gostyngiad o 2.4%, neu 552,000 yn nifer yr ŵyn sydd yno eleni felly mae'n argoeli'n dda i ni ac yn codi calon pawb cyn dechrau'r wyna!

Mae Lee Hughes o Lanfyllin yn dechrau gweithio yma ar ddechrau'r mis ac yn symud i fyw i Bencapel. Mae Lee, er yn ifanc, â phrofiad o odro ac felly edrychwn ymlaen at ei gael yn rhan o'r tîm. Bydd Morgan yn gorffen ei brofiad gwaith yn Drysgolgoch, Castell Newydd Emlyn, ddiwedd Chwefror ac yn dychwelyd adref i ddechrau'r fenter newydd, cyn dychwelyd i Reaseheath yn yr Hydref i orffen ei goleg. Edrychwn ymlaen at ei gael adref ac y mae wedi hanner addo ysgrifennu erthygl yn adrodd am ei brofiadau i lawr yn Sir Benfro erbyn mis nesaf!

Hwyl am y tro!

Mawrth 2020

"Byr yw Chwefror, ond hir ei anghysuron" yw'r dywediad addas yn fy nyddiadur a rhaid bod yn ddiolchgar nad oedd mis Chwefror yn hirach eleni rhwng y tywydd a'r Coronavirus sy'n ymledu ar draws y byd. Mae hyn yn peri i rywun ofyn y cwestiwn beth yw mis Chwefror normal? Cawsom ddiwrnod cynhesaf y gaeaf ar record y llynedd efo Trawsgoed yn gweld tymheredd o 20 gradd Celsius, a synnwn i ddim pe bawn ni'n gweld y record eleni am y mis Chwefror gwlypaf erioed. Yn gyntaf cawsom ymweliad gan Ciara, ac yna Dennis, a bu i'r ddwy storm greu'r fath ddinistr a llanast efo afonydd yn gorlifo ac ardaloedd eang o'r golwg o dan lifogydd. Beth sy'n eich synnu yw bod llawer o'r trefi a'r pentrefi yma wedi cael eu hadeiladu ar 'floodplain', a bod cynghorau lleol yn parhau i ganiatáu datblygiadau tai newydd mewn ardaloedd sy'n debygol o lifogi – yn debyg i Gaersws sydd wedi cael caniatâd i ddatblygu er ei fod o dan ddŵr yr wythnos diwethaf!

Rwy'n eithaf sicr y bydd ein rôl fel ffermwyr a rheolwyr tir yn y dyfodol agos yn cynnwys camau i reoli dŵr – ei lif yn arbennig, ond hefyd ei ansawdd. "Public funds for public goods" oedd y galw ac mi fydd unrhyw gynllun sy'n arbed (neu yn lleihau) y raddfa o lifogydd a fu yn ddiweddar yn fuddsoddiad gwerthfawr iawn. Mae cynllun o'r fath wedi ei greu yn Llanrwst wrth i ffermwyr gael taliad am ganiatáu i adael eu tir lifogi er mwyn arbed y dref a thai rhag cael eu gorlifo – cynllun sydd wedi bod yn llwyddiannus, ond efo'r fath law a gafwyd ni fedrai'r caeau ymdopi â'r holl ddŵr hyd yn oed. Rydym wedi cyrraedd sefyllfa erbyn hyn lle mae cwmnïau yswiriant yn

gwrthod yswirio tai mewn ardaloedd o'r fath gan fod y llifogydd yn digwydd mor gyson.

Ym mis Ionawr 2019 cyhoeddodd cwmni Savills fod 26,000ha o dir amaethyddol wedi cael ei golli bob blwyddyn dros yr ugain mlynedd diwethaf ym Mhrydain ar gyfer adeiladu a seilwaith trafnidiaeth yn ogystal â choedwigaeth. Yn yr UDA mae'r ffigwr yn llawer uwch wrth i dair acer y munud ddiflannu o amaethyddiaeth i greu ffyrdd ac adeiladau. Yn ogystal â'r newid yn ein hinsawdd, mae rhoi to ar y ddaear (tarmac, concrit) yn un o'r rhesymau pennaf pam fod dŵr yn medru llifo i'r afonydd mor gyflym a chreu'r fath ddinistr.

Yn annisgwyl, mae'r heffrod wedi dechrau lloio, efo naw llo wedi cyrraedd 'ahead of schedule'! Fe brynais 15 heffer gyfeb gan Prysor Williams, Gwytherin, ac roedd ei 'scanner' wedi rhoi dyddiad disgwyl ym mis Mawrth! Mae'r naw heffer yn cael eu godro yn y crush efo peiriant electrig bob bore a nos sy'n broses hir wyntog a phoenus wrth weld y llaeth yn cael ei dywallt i mewn i'r pit slyri. Rydym i gyd yn edrych fel y Milky Bar Kid erbyn hyn ar ôl yfed galwyni o laeth, a bwyta pwdin reis a phwdin bara menyn sawl gwaith y dydd er mwyn cael ychydig o werth o'r gormodedd o laeth. Ar nodyn positif mae'r lloi cynnar wedi fy ngorfodi i ddechrau paratoi o ddifri! Wrth ysgrifennu, mae tua wythnos dda o waith ar ôl ar y parlwr i'w gael yn barod i odro, felly mae'r bysedd wedi croesi na welwn lo arall tan hynny!

Cafodd y defaid eu sganio ddechrau mis Chwefror efo 11 yn wag, 108 ag un oen, 275 â twins ac 48 â triplets sy'n rhoi canran o 183% – derbyniol

iawn, er efallai bod ychydig gormod o triplets. Mae'r defaid wedi gaeafu'n dda ar y mynydd (hyd yn hyn) efo dau grŵp yn symud unwaith yr wythnos i ddarn newydd ffres, ac un grŵp wedi dod i lawr i Sŵn yr Afon i fwyta'r maip a'r kale. Ni ddylai'r defaid ddechrau wyna cyn y 5ed o fis Ebrill, ac erbyn hynny gobeithio bydd y tywydd wedi gwella ac ychydig o borfa ar y mynydd iddynt.

Mae Morgan wedi gorffen ei saith mis o brofiad gwaith yn Drysgolgoch, ac yn edrych ymlaen at ddechrau lloio a godro adref dros y misoedd nesaf cyn dychwelyd i'r coleg. Aeth Thomos ac yntau ar ddau gwrs Cyswllt Ffermio yn ystod y mis, y cyntaf ar gyfer trin traed gwartheg a'r ail yn gwrs AI. Mae cyrsiau, digwyddiadau a nosweithiau diddorol tu hwnt yn cael eu trefnu gan Cyswllt Ffermio sydd bob amser yn fanteisiol i'w mynychu, ac yn gyfle da i ddatblygu sgiliau, cymdeithasu, trafod problemau sy'n codi, a rhannu'r baich. Efo iechyd meddwl yn bwnc byw iawn ym myd ffermio, pwysig yw cymryd munud i sgwrsio – mae ffermio yn medru bod yn waith unig iawn ar adegau efo'r gwaith a'r tywydd yn teimlo'n ddiddiwedd, ac felly mae dyletswydd ar bob un ohonom i sgwrsio.

Bu pythefnos dwys iawn o ymarfer ar gyfer dramâu'r Ffermwyr Ifanc a hoffwn ddiolch a llongyfarch yr holl aelodau a fu'n ymroi eu hamser i ddysgu a pherfformio'r ddwy ddrama gan Ddyffryn Banw. Munud olaf yw hi bob blwyddyn, ac efallai efo ychydig mwy o sglein... Pwy a ŵyr?! Ond da iawn chi am ennill sawl gwobr am yr actorion gorau. Llongyfarchiadau hefyd i glwb Dyffryn Tanat am berfformio drama hynod o broffesiynol a thrawiadol a phob lwc iddynt ar y 29ain wrth iddynt gynrychioli Maldwyn yng Nghaernarfon yng nghystadleuaeth Cymru.

Mae ffenestr i fynegi diddordeb yng nghynllun y Farm Business Grant yn agor ar yr 2il o Fawrth tan y 10fed o Ebrill, ac mae cymorth o 40% ar gael ar gyfer llawer o eitemau defnyddiol i'r ffarm. Os am fwy o fanylion ewch i wefan Cyswllt Ffermio. Hefyd cofiwch o'r 15fed o Fawrth fod yn rhaid i bob tanc olew/diesel gwrdd â'r gofynion newydd i fod yn '*bunded*'.

Wrth archebu tagiau gwartheg eleni efallai ei fod yn syniad prynu tagiau sy'n medru cael eu darllen yn electronig (EID), oherwydd o 2021 bydd yn rhaid i dagiau gwartheg fod yn EID. Yn wahanol i dag melyn y defaid bydd tag '*salmon pink*' yn cael ei ddefnyddio ar y gwartheg, a'r bwriad yw na fydd angen pasbort papur yn y dyfodol.

Pob lwc i bawb efo'r wyna gan obeithio bod tywydd gwell i ddod.

Hwyl am y tro!

Teyrnged i Richard Tudor

gan Arwyn Groe, Arwyn a Carol, Neuaddwen

Wrth i Rich chwalu gwrtaith ar y pnawn braf hwnnw o wanwyn, mi chwalwyd y gymuned yma hyd at fôn ei seiliau. Chwalfa.

Wrth i'r heffrod cynta' ddechrau'r daith drwy'r parlwr arloesol o fodern a thechnolegol, wrth iddyn nhw ymlwybro'r rhwydwaith o dracie trefnus a drachtio'n ddwfn o'r tancie dŵr strategol ar hyd y meysydd, wrth i'r gwanwyn braf gynnig y glaswellt gore o'u blaenau, wrth i haul y gwanwyn wawrio dros Gwm Banwy, daeth hi'n nos. Daeth diwedd ar y dechre gogoneddus.

Trefn. Wrth i Arwyn a Carol Neuaddwen a finne drio rhoi trefn ar eiriau ac atgofion, dyma sôn am Rich pan fydde Rich a Catrin ac Arwyn a Carol ar eu gwylie, a Rich yn tynnu'r iPad allan bob bore i drefnu'r d'wrnod. Yr ola' i godi, ond y cynta' i fynd! A threfn ar y mynd.

Os oedd ffermio'n bopeth iddo, ac mi roedd, mi oedd hefyd yn gallu switshio'i ffwrdd pan ddoi i noson allan. Roedd y nosweithie allan yn gyffredinol yn bwysig iddo ac Aber yn lle mawr. Fel y gwyddo' ni, mi gafodd ei addysg yn Llanerfyl a Llanfair a choleg yn Aberystwyth. Dyn ei filltir sgwâr a deithiodd y byd penbaladr i ehangu ei wybodaeth a'i brofiad er ei fudd ei hun a phawb o'i gwmpas.

Pan holes i wrtho gym'yd awenau colofn ffarmio'r *Plu* flynyddoedd yn ôl, bu iddo ymroi i'r dasg o ddifri', gan greu colofn 'Ffarmwr *y Plu*' dros y blynyddoedd oedd nid yn unig wastad yn ddiddorol ond hefyd yn onest bob tro. Yn gignoeth o onest weithie. Roedd o'n ddigon dewr i rannu hanes ei golledion a'i gamgymeriadau ei hun, ac yn ddigon o ddyn i rannu ei brofiadau a'i wybodaeth eang er mwyn bod o gymorth i eraill.

Ymroddiad. Â ffarmio'n bopeth iddo, roedd yn angerddol am dyfu'r glaswellt gorau, ac mai hynny oedd y sail i bopeth. Ac yn sail i hynny, wrth gwrs, oedd cael bioleg y pridd yn iawn. Ac i 'neud hynny, roedd angen ymchwilio a dysgu a mynnu gwybodaeth. Ar ei wylie yn rhywle, mae Carol yn ei gofio yn darllen 'rhyw lyfr am bridd'! Dyna i chi ddarlun o'i ymroddiad i'w grefft. Ar wythnos o wylie arall wedyn yn Sir Fôn, mi fydde Rich yn brysur ben bore yn sgwennu ar gyfer ysgoloriaeth Nuffield, cyn cau'r gwaith mwya' sydyn a chyhoeddi, 'Ty'd 'ni fynd'!

Direidi. Mae pawb oedd yn ei nabod o'n dda yn gyfarwydd iawn â'i ddireidi heintus. Roedd yn cario ei brysurdeb a'i ymroddiad i lwyddiant yn ysgafn. A doedd y wên ddireidus 'na byth yn bell o'i wyneb! Y procio a'r tynnu coes. A'r chwerthin. Sbort. Oedd, mi oedd 'na wastad sbort yn dilyn Rich. Dwi'n cofio'r sbort rhyfedda' wrth inni ymarfer rhyw sgetsh neu gyd-gyfarwyddo drama ffermwyr ifanc. Neu mewn unrhyw sefyllfa. Hyd yn oed mewn cligeth!

Mae Arwyn (Neuaddwen) yn cofio ysgafnhau'r awyrgylch tu allan i gligeth i berson poblogaidd iawn, torf fawr, ac Arwyn yn deud, 'Be 'na i, fydd 'na neb yna pan fydda i'n mynd' (oedd yn barhad i'r jôc rhwng y ddau fod pawb yn nabod Rich a neb yn nabod Arwyn) a Rich yn ymateb fel bwled, 'Mi fydd raid ti fynd yn breifet'! Ac yn y pêl-droed yn Stadiwm Dinas Caerdydd yr hydref d'wetha' 'ma, pan aeth y bêl yn fuddugoliaethus i gefn y rhwyd wrth inni gamu tuag at gystadleuaeth yr Ewros, dyma finne'n ymuno yn y gân oedd yn dechre atseinio o'r 'Canton' yn clodfori blaenwr newydd Cymru, Kieffer Moore. Roedd Rich ac Arwyn yn eistedd tu ôl i fi, a Rich, oedd yn dal ei ffôn fel tystiolaeth, yn tynnu fy sylw at y ffaith mai Aaron Ramsey oedd wedi sgorio, nid Moore. 'Mae'n bryd iti chwilio am y sbectol 'na, Groe', oedd y geirie glywes i o'r tu ôl i fi, a'r wên ddireidus yn llawn chwerthin!

Gweledigaeth. Dyn y weledigaeth fawr oedd Rich. Dyn oedd ddim yn bodloni ar sefyll yn llonydd. Ond un peth ydi cael y weledigaeth. Ar ôl hynny mae'n rhaid torchi llewys i wireddu'r weledigaeth honno, a mynd

amdani. 'Go for it' fydde ei ateb i unrhyw un oedd yn pendroni dros gym'yd rhyw benderfyniad neu'i gilydd. Positifrwydd. A dyna lle'r oedd positifrwydd Rich yn 'neud i bethe ddigwydd. Roedd 'na wastad ateb i broblem. Roedd 'na wastad ffordd. A chadw'n bositif. Ar enedigaeth Emma, merch hyna' Neuaddwen, pryder Arwyn oedd y bydde raid iddo godi ar ei draed rhyw ddiwrnod yn y dyfodol pell i 'neud araith yn y briodas! (Mae'n sicr i'r pryder hwnnw ddwysáu erbyn geni Moli, pedwaredd ferch Neuaddwen!). 'Reit, dyma be 'nawn ni', oedd ymateb Rich, 'mi 'nawn ni fideo o flaen llaw, so mi gawn ni spîtsh ar y dydd, a mi fyddi di'n gallu ymlacio'n llwyr a mwynhau'r dwrnod i gyd'. Wastad ateb i broblem. Gweledigaeth i godi'r fuches biff i'r safon ucha' posib.

Gweledigaeth i sefydlu system odro newydd sbon danlli i sicrhau dyfodol llewyrchus i'r genhedlaeth nesa'. Ac yn ehangach na hynny, y weledigaeth gymunedol. Y weledigaeth i sefydlu un ysgol Gymraeg gry' yng Nghwm Banwy. Yn anffodus, fel y sylweddolai Rich cystal â neb, dydi'r pethe gore yn ein bywyde ni ddim yn para am byth. Mae'r byd o'n cwmpas ni'n newid, a gwyddai Rich fod angen i ni reoli'r newid hwnnw, yn hytrach na chario 'mlaen yn y gobaith y bydde'r hen ffyrdd yn gallu goroesi.

Mae'r weledigaeth honno wedi'i gwireddu, wrth i ysgol newydd Gymraeg Cwm Banwy agor ei drysau ym mis Medi 'leni. Mae'n gyfle euraidd i gryfhau seiliau cymunedol Cwm Banwy. Mae'n symbol o'n gallu fel pobl i uno yn wyneb pob bygythiad i'n parhad a'n llwyddiant. Mae'n symbol o'n hawydd i fynnu fod y genhedlaeth nesa' yn elwa o dreftadaeth gyfoethog y cwm. A'r genhedlaeth wedi honno. Ein braint ni i gyd ydi fod Rich wedi'n harwain at y sefyllfa yma o gryfder cymunedol. A'n dyletswydd bob un sy'n darllen y deyrnged hon iddo ydi cefnogi ei weledigaeth. Cefnogi ysgol newydd Cwm Banwy hyd eitha'n gallu. Sicrhau fod cynifer o blant â phosib yn mynd drwy'r drws 'na ym mis Medi, er mwyn rhoi'r dechre cadarna' posib iddi. Ein dyletswydd, ie, a'n braint. A braint ein plant, a phlant ein plant. Mae Rich wedi rhoi egni rhyfeddol ac ymroddiad aruthrol ynghanol ei holl brysurdeb i sicrhau gwireddu'r weledigaeth yma.

Ymroddiad mae'n siŵr oedd yn ei lethu ar brydie, ond 'when the chips are down...' mi fydde Rich ar ei ore. 'Reit o, gadwch inni gario 'mlaen mynd', fydde'r mantra pan oedd pethe'n mynd yn galed. Peidied neb â cholli'r cyfle euraidd unwaith mewn oes yma i gefnogi'r weledigaeth gymunedol honno. Y weledigaeth fawr symbolaidd honno sydd wedi ei hymgorfforí yn y geirie syml 'Ysgol Cwm Banwy'. Ar ei wylie yn Alicante, dyma drefnu'r dydd un bore (dros baned dda o goffi cry', mae'n siŵr). D'wrnod allan Catrin ac Arwyn a Carol a'r plant oedd mynd i archfarchnad enfawr dri llawr i ymchwilio i'r holl wahanol gig a physgod! Ac wrth drefnu pryd bwyd ar gyfer fin nos neu ginio ar wylie neu ar noson allan arferol, mi fydde'r siom o gael darn sâl o gig yn ei wylltio. 'Pam na allan nhw'i gael o'n iawn'?

Ynghanol y 'drive' cystadleuol yna i'w gymeriad a sicrhaodd gymaint o lwyddiant iddo, chollodd o fyth olwg o'n dinodedd a'n hamhwysigrwydd ni i gyd yn yr hen fyd 'ma. Ynghanol yr holl hedfan ar ei deithiau niferus, mi arhosodd ei draed o'n sownd ar y ddaear. Wrth ddarllen 'y llyfr 'na am bridd' ar ei wylie, mi gododd ei olygon o'r llyfr gan ddeud, 'Ti'n gw'bod be, Carol, pridd fyddwn ni i gyd rhyw dd'wrnod'.

Y chwalfa fawr i ni i gyd ydi i'r 'rhyw dd'wrnod' hwnnw gyrraedd yn gythreulig o lot rhy gynnar. Mi ddaru Rich ysbrydoli ei blant a'u magu i fyw eu gweledigaeth. Mae'n cydymdeimlad ni efo Catrin, Morgan a Lois, Tom ac Ann, Cath, Huw a'u teuluoedd yn boenus o ddwys. Ond mae'r gymuned honno y cyfrannodd Rich mor helaeth ati yn fwy na pharod i fod yn gefn cadarn ichi yn y dyddie cowliog, creulon yma. Ac 'when the chips are down', 'gadwch i ni gario 'mlaen mynd'.

Richard

gan Delyth Jones Rhydygro, cyn prifathrawes Ysgol y Banw

Mae'n bleser gen i roi ar gof a phapur rai o rinweddau'r diweddar Richard Tudor, gan dynnu sylw at ei gyfraniadau sylweddol i'w gymuned leol.

Roedd Richard yn berson a oedd yn ymroddedig i'w gymuned mewn sawl maes. Roedd ei waith gyda'r Ffermwyr Ifanc yn glodwiw gyda Richard yn mynd ati i gynhyrchu drama yng nghystadleuaeth dramâu'r mudiad ychydig o fisoedd cyn iddo ein gadael. Rhoddodd o'i amser i wneud hyn pan oedd e'n brysur yn trawsnewid Llysun i fod yn fferm laeth. Roedd gan Richard ffydd mewn ieuenctid ac roedd bob amser yn barod i'w cefnogi a'u datblygu.

Tro oeddwn yn bennaeth ar yr ysgol, roedd Richard yn gadeirydd brwdfrydig a gweithgar i gorff llywodraethu Ysgol Dyffryn Banw. Arweiniodd y cyfarfodydd mewn dull cadarn, hwyliog a phroffesiynol. Er gwaethaf ei brysurdeb ar y fferm a'i ymrwymiad i fudiadau eraill, gan gynnwys teithio i wledydd tramor, roedd Richard bob amser wedi paratoi'n drylwyr ac wedi darllen y dogfennau allweddol ym myd addysg cyn y cyfarfodydd. Roedd e'n bwyllog yn y cyfarfodydd hyn ac yn pwyso a mesur goblygiadau penderfyniadau'r corff ar fywyd plant y dyffryn yn ofalus. Gwirfoddolodd yn flynyddol i ddod i'r ysgol i hyfforddi'r disgyblion i chwarae rygbi tag ar gyfer cystadleuaeth COBRA. Roedd 'na lond bol o chwerthin gyda Mr Tudor ei hun yn rhedeg ar ôl y plantos i ddal un o'r 'cynffonnau', chwedl yntau, ond tagiau coch neu felyn oeddent mewn gwirionedd.

Un o'i gyfraniadau allweddol sy'n aros yn y cof i Rhydian ac Owain yw gwaith Mr Tudor fel rheolwr tîm pêl-droed i blant yn Nyffryn Banw. Fe sylweddolodd Richard fod 'na griw o fechgyn brwdfrydig yn y dyffryn a oedd yn awyddus i ddatblygu eu talentau gyda'r bêl gron. Yr hyn wnaeth Richard wrth gwrs, oedd gwirfoddoli eto i'w hyfforddi a chystadlu mewn cynghrair bêl-droed i fechgyn dan 8 oed, dan 9 oed a than 10 oed. Roedd yr oedran yn newid y flynyddol, fel roedd y plant yn tyfu! Roedd ei egni yn heintus a'r bechgyn yn mwynhau yn ei gwmni. Roedd Rhydian ac Owain yn datgan sawl tro bod gan Richard well sgiliau pêl-droed na Dad! Mae'n bwysig cofio i Richard roi o'i amser i helpu plant yr ardal pan oedd gan Catrin ac yntau ddau o blant bach adre – Morgan a Lois. Ond roedd y ddau yn deall ei gilydd i'r dim – cwpl egnïol a oedd eisiau'r gorau i ieuenctid yr ardal.

Cafodd yr ysgol groeso yn Llysun bob amser wrth gwblhau gwaith maes fel rhan o'r cwricwlwm. Roedd Richard yn awyddus i'r plant dreulio amser ar ei fferm i ddysgu am bwysigrwydd amaethyddiaeth, ac wrth gwrs, iddynt ddeall yn iawn pam fod Catrin (Mrs Tudor) yn cael galwad ynghanol gwersi i ruthro adre i dynnu ŵyn bach yn ystod tymor y gwanwyn. Roedd gan Catrin y llaw ddelfrydol a'r sgiliau angenrheidiol ar gyfer yr orchwyl honno.

Cyfrannodd yn frwdfrydig i holl weithgareddau'r ysgol gan gynnwys stiwardio yn y rali RAC yn Nyfnant yn ystod oriau mân y bore; dawnsio mewn gweithgaredd zwmba fel rhan o ddathliadau gemau Olympaidd yr ysgol; mynychu'r Mabolgampau blynyddol i rasio'n 'gystadleuol' (wrth gwrs!) yn ras y tadau a mynychu nifer o Eisteddfodau'r Urdd. Roedd gorchwyl arbennig gan Richard, a sawl tad arall, ymhob Eisteddfod, sef cyfarfod yn y maes parcio a chario offer yr ysgol – drwy'r gwynt a'r glaw yn aml, ar gyfer y cystadlaethau dawnsio gwerin.

Yn bersonol, mae ein dyled yn fawr i Richard am roi o'i amser prin i sgwrsio gyda Dad mewn sawl sioe neu farchnad amaethyddol. Nid 'Helô' a 'Sut ydych chi?' oedd y sgwrs ond trafodaeth am funudau lawer ar sut i drin y tir neu sut i fagu ŵyn o safon. Bu Dad yn dyfynnu barn Richard a'i gyngor sawl tro wrth iddo barhau i ffermio'r ychydig aceri yn Nerwen. Waeth pa mor brysur oedd Richard, roedd ganddo amser i sgwrsio gyda phobl o bob oed. Roedd e'n gyfathrebwr heb ei ail.

Mae gan Arwel atgofion gwerthfawr o Richard ym myd y ddrama. Sonia Arwel yn aml am ddawn naturiol Richard, fel actor. Cynhyrchodd Arwel ambell i ddrama ble roedd Richard yn un o'r actorion. Roedd y ddau ar yr un 'donfedd' fel petai o ran meddwl yn ddyfnach am y cymeriad a dod ag ychydig o arloesedd i'r cymeriadu a'r cynhyrchiad. Doedd dim yn rhoi mwy o fwynhad i Arwel na gweld bod Richard yn datblygu i fod yn gynhyrchydd drama gwych ei hun. Ac fel y cyfeiriais eisoes, dyna oedd un o'i orchwylion olaf i ieuenctid y gymuned cyn y drychineb, sef cynhyrchu drama i Ffermwyr Ifanc Dyffryn Banw gyda Lois, ei ferch, yn aelod llwyddiannus iawn o'r cast.

Gŵr amryddawn a phoblogaidd iawn oedd Richard, oedd bob amser eisiau gwneud gwahaniaeth i fywydau pobl eraill. Mae ein dyled yn fawr iddo.

Hanesion Richard Tudor

gan Betsan Llwyd, Prifathrawes yn Ysgol Banwy

Yn wir, callach o lawer yw peidio ag ail-ddweud rhai hanesion digrif ac eraill yn fwy trwstan, sydd mor fyw yn y cof heddiw ag yr oeddent erioed, yng nghyswllt Richard fel Cadeirydd Llywodraethwyr Ysgol Dyffryn Banw! Ambell i hanesyn sydd gen i yma, sy'n crynhoi awch Richard i gynnig profiadau cyfoethog a bythgofiadwy i blant y dyffryn.

I ddweud y gwir, roedd Richard a finnau'n eithaf tebyg ein ffyrdd... bob amser yn gweithio'n hwyr (ac yn cyrraedd yn hwyr i bobman!) gan gwblhau gwaith munud olaf (yn enwedig ysgrifennu erthyglau'r *Plu* bob mis!). Dyma pryd y byddai'r syniadau gorau, mwyaf creadigol yn cael eu trafod dros neges destun fel arfer, gyda'r geiriau 'Go for it' ar y diwedd, oedd yn rhoi sêl ei fendith!

Roedd ei fwynhad o berfformio a'i ddiddordeb mewn drama yn amlwg. Daeth a hyn, law yn llaw â Catrin oedd hefyd yn aelod o staff yn yr ysgol, yn fyw fel rhan o addysg plant yr ysgol. Fel tîm roedd y ddau yn manteisio ar bob cyfle i gael y gorau allan ohonynt, gan gynnig cyfleoedd a phrofiadau amhrisiadwy ar lwyfan. Doedd hyn ddim i'w ddisgwyl gan Gadeirydd Corff Llywodraethol.

Dwi'n cofio'r balchder y teimlais fel pennaeth newydd ar yr ysgol 'nôl yn 2015 wedi i'r ymgom ddod yn fuddugol yn Eisteddfod Genedlaethol yr Urdd yng Nghaerffili, gyda Lois, oedd yn chwarae rôl morwyn, yn un o'r prif gymeriadau. Cafwyd sawl perfformiad bywiog arall wrth gyflwyno nofelau yn y Cwis Llyfrau yn Aberystwyth. Rhai sydd wedi aros yn y cof yw *Mr Ffiaidd* gan David Walliams, ble roedd plentyn hanner noeth mewn bath yng nghanol y llwyfan, a *Rhyw Ddrwg yn y Caws* ble roedd plentyn yn chwarae rhan bochdew barus oedd yn cwympo'n farw ar ôl bwyta creision Cerddwyr (Walkers!). Roedd yn rhaid i blentyn arall gael coesau ffug wedi eu creu allan o deits wedi eu stwffio a phâr o esgidiau dawnsio gwerin ar eu gwaelodion er mwyn chwarae rhan Lord Farquaad o *Shrek* gan ei fod yn gymeriad hynod fyr.

Roedd ein sioeau Nadolig yn unigryw a chofiadwy hefyd wedi mewnbwn Richard. Roeddent bob amser yn cynnwys elfennau o hiwmor, yn enwedig sioe *Dolig Olaf Sindarela*, ble roedd Duw yn anfon negeseuon testun yn fyw ar raglen *Heno*! Roedd pob manylyn yn bwysig – agwedd Mair tuag at Joseff wedi iddo fod yn chwarae 'gormod o Minecraft', cefndiroedd y sioe, y gerddoriaeth (oedd yn chwarae o gyfrif Spotify y teulu tra bod Morgan yn y bath... ond stori arall yw honno!), hyd yn oed siâp y drych oedd yn hongian uwchben y silff ben tân yn nhafarn Cann Office, Bethlehem!

Un moment sy'n aros yn y cof yw'r olwg ar ei wyneb wedi i Steffan Harri gynnal gweithdy dawns a pherfformio yn yr ysgol ac yntau wedi bod yn chwarae rôl *Shrek*. Eto, un o syniadau Richard! Roedd yr holl blant, yn ferched ac yn fechgyn, wedi eu hysbrydoli a gwirioni wrth ddilyn coreograffi Steffan i'r gân 'I'm a Believer', ond y tro hwn yn neuadd Dyffryn Banw. Lledaenodd y fideo a wnaed o'r diwrnod hwnnw ar y cyfryngau cymdeithasol, a chafodd ei wylio miloedd ar filoedd o weithiau... er dwi'n eithaf sicr mai Richard oedd y ffan mwyaf! Dwi'n cofio Catrin yn anfon clipiau fideo ataf ohono'n eistedd ar y soffa adre yn ei chwarae rownd y ril, ac yntau â gwên lydan wrth iddo symud ei freichiau gan efelychu'r ddawns!

Roedd o'n un cyflym ar ei draed! Yn y dosbarth ein thema oedd 'Darganfod Dirgelwch' ac wythnos yn flaenorol roedd yr heddlu wedi bod i'r ysgol yn cymryd olion bysedd y plant. Roedd eu gwybodaeth gefndirol o wyddoniaeth fforensig yn datblygu'n dda... felly, beth oedd y camau nesaf yn eu dysgu? Wel, unwaith eto, roedd hi'n hwyr gyda'r nos pan dderbyniodd Richard neges destun, a'r ateb oedd 'Go for it!'.

Heb feddwl am sgil effeithiau ein cynlluniau, roedd y plant am gael eu herio i'r eithaf. Chwefror 11eg, 2029 oedd hi, ac 2.30pm i fod yn benodol gywir. Ble oeddech chi'r prynhawn penodol hwnnw? Yng nghanol bwrlwm y dosbarth, rhedodd 'lleidr' i mewn a dwyn ffôn yr ysgol, a hyn oll o dan drwynau'r plant! Yn ôl eu harsylwadau manwl a chwim, roedd o'n gwisgo cuddwisg – bandana llwyd, esgidiau chwaraeon Nike, siwmper ddu Under Armour a sbectol haul dywyll. Roedd 'Lleidr Llechwraidd Llangadfan' rhwng 40-50 mlwydd oed, tua 5 troedfedd 8 o ran taldra, a maint ei draed oddeutu 9! Un peth oedd yn aros yn eu cof oedd cyflwr ei ddwylo – ewinedd wedi eu cnoi, a chroen caled a mwdlyd!

Pan anfonwyd y neges destun y noson flaenorol, nid oedden ni'n dau wedi ystyried y byddai hanner y dosbarth yn rhedeg ar ôl y lleidr, allan trwy ddrws cefn yr ysgol a'i ddilyn tuag at yr ystâd dai! Ni ddaliwyd y lleidr, wedi iddo ddiflannu i lawr y ffordd gefn yn ei Range Rover! Fe galliom ryw ychydig yn dilyn y trefniadau penodol yma dros neges destun! Gallaf gadarnhau na all unrhyw 'leidr' ddod yn agos at y dosbarth heddiw, rhwng y ffens werdd, yr intercom a'r camerâu CCTV!

Er ei fod yn wyneb cyfarwydd tu mewn i furiau'r ysgol, roedd o yn ei ogoniant yn dysgu'r plant am fyd natur a'r hyn oedd o dan eu traed yn Nyffryn Banw. Cafwyd sawl trip ysgol gyfan i Lysun gyda phlant 3 oed hyd at 11 oed wrth eu boddau yn dysgu trwy brofiad. Bu ambell i ddafad neu oen, ac wrth gwrs Beti'r ci am drip i Ysgol Dyffryn Banw hefyd! Profiad unigryw arall gafodd y disgyblion oedd derbyn dafad yr un, a'i holrhain drwy'r flwyddyn gan ddefnyddio ei rhif personol. Cawsant weld eu dafad yn cael ei sganio yn nhymor yr hydref, ac yna'n wyna yn y gwanwyn ble roedd cyfle iddyn nhw dynnu ŵyn, eu pwyso, cymysgu llaeth, ffidio ŵyn swci a pharatoi peniau. A phwy oedd yn dysgu'r plant ac yn gadael iddyn nhw wneud ambell i gamgymeriad hyd yn oed? Richard. Byddai trylwyredd asesiadau risg heddiw yn cwestiynu ambell i weithgaredd mae'n siŵr! Roedd y profiadau hyn yn amhrisiadwy a chyfoethog, er dwi'n eithaf sicr na fyddai mwyafrif o ffermwyr yn croesawu llond bws o blant i'r fferm dros gyfnod y wyna! Ond os oedd pwrpas i'r profiad, roedd dysgu.

Bu Richard hefyd yn rhannu ei gariad tuag at ddaeareg gyda'r plant hynaf, trwy gynnal ymholiadau gwyddonol ar ymdreiddiad pridd, lefelau pH a ffrwythlondeb y glaswellt oedd ar dir yr ysgol. Roedd cynlluniau mawr ganddo i greu ysgol goedwig ar dir yr ysgol er mwyn datblygu dosbarth awyr agored a hoffter y plant am fyd natur. Ar y pryd roeddem wedi derbyn trwydded i ddatgoedwigo llecyn o dir gan fod ambell i goeden wedi hollti,

Lleidr Ysgol Banwy... aka Rich!

ac ambell i un arall wedi cwympo yn naturiol neu wedi crino, ond roedd amser yn beth prin. Dwi'n cofio'r ddau ohonom yn eistedd gyferbyn â'r llecyn yma yn ystod seremoni urddo Eisteddfod Powys, Gorffennaf 2019 (yntau'n derbyn ei wisg werdd, a finnau mewn glas), a phenderfynu y byddai'n rhaid gweithredu ar y cynlluniau mawr yma o fewn y flwyddyn academaidd nesaf. Ond, fis Ebrill 2020, daeth cwmwl tywyll dros yr ysgol a'r dyffryn.

Bellach, mae'r llecyn wedi ei drawsnewid yn Ysgol Goedwig ac yn ardd goffa i Mr Richard Tudor. Mae'r ardd wedi datblygu o gynlluniau syml ein plant, o dan arweiniad Mr Irfon Davies, ar gyfer y gymuned gyfan. Llecyn sy'n agos iawn at ein calonnau i gyd.

Roedd Richard yn gadarn o ran ei feddylfryd – sef rhoi'r sylfaen orau bosib i blant yr ardal. Ei nod oedd adeiladu ar sylfeini cadarn y gorffennol i sicrhau dyfodol llewyrchus.

Ac fel chwa o wynt lledrithiol sefydlwyd Ysgol Cwm Banwy, Ysgol yr Eglwys yng Nghymru ar Fedi'r 1af 2020. Dyma ddechreuad newydd gyda gweledigaeth obeithiol ac adeiladol yn greiddiol i holl waith yr ysgol sef: 'Y Mwynder Mewn Llawer Lliw: Gyda'n Gilydd yn Lliwio'r Byd' (*aka* '*Go for it*!').

Mawr yw ein diolch am Mr Tudor.

Gardd goffa Rich

In memory of Mr Richard Tudor

The farming fraternity of the British Isles is profoundly astounded by the untimely and truly premature passing of one of the best livestock producers and most proficient grassland managers. But furthermore, a true gentlemen, subtle, modest, and genuinely kindhearted.

I hold the Tudors of Llysun and their wider family in the highest esteem. Richard, Tom and Huw were very supportive of my endeavours as a livestock auctioneer. Tom would often leave the sheep in my care, to be sold at my discretion, even during a downward trend. I never sold a plain ewe from Llysun, and they all bore the meticulous T pitchmark.

Sincere condolences to the Tudor family. Welsh and British farming has lost a prodigy – but you have lost a son, a brother, a husband, a father and an inspiring, supportive mentor. Richard's undisputed passion lives on in Morgan.

I have composed the following, in our mother tongue, in fond memory of Richard:

Er coffadwriaeth am Richard

Yn Llysun yr oedd ein llusern,
Gŵr gwâr, erwau cymwynaswr.

Ei gaeau'n un glesni, ar ei gais
Yn gampwaith, cyn y teithio.

Breuddwyd ei dad oedd ei fyd,
Y Canaan wedi adfyd Canon.

Er y teithiau maith i beithiau,
Banwy oedd ei bedwar ban.

Heddiw melltith yw llaeth ddoe,
Nid yw'r hufen aur yn ei hafan.

Ei olyniaeth yn ofalaeth dadol
Ar ôl campwaith treftadaeth.

Un Lleifior, un allor ein llên,
Un Llysun, llusern y Llanau.

Y diweddar Iwan Llwyd Foulkes
(Former Livestock Auctioneer at Welshpool Market/Norman Lloyd)

Dickie

gan Duncan Hamer

I first met Rich, or Dickie if you prefer in January 1986 at Caereinion High School. A-ha were number one in the charts with 'The Sun Always Shines' and that has been an apt description for all our joint experiences over the next 35 years or so. Through the school years we became best mates. I think it's fair to say as we hit sixth form, we were more focused on partying and passing our driving tests, but somehow, we both managed to get A levels and off to university we went – much hilarity was had between us over these years!

Rich for his third year went off the US – Oregon. I think this was the first time I really noticed his love for farming with Kevin and the lads over in Portland. He also came back a rugby player, well so he thought! I went to collect him from the airport after his year away, little did I know we would be there for hours. As a parting gift Don (I think was his boss' name) gifted him a shot gun and a rifle. When coming back into Heathrow he was surprised to be stopped and ushered into a room. Interrogation followed during which I think they worked out the story was true! Unbelievably he was allowed to eventually keep his shot gun, but the rifle had to be sent back. It was luckily pre 9/11! We eventually got back to Llysun... a little flustered. Rich planned his return as a surprise, and I think expected a

prodigal son welcome. Ann was not impressed with the surprise! She soon calmed as she was charmed by his humour, and we went on as usual to have an evening full of laughter.

Following Uni we both worked for a couple of years. Then on a fine NY Eve Catrin came into his life and we got together to go travelling, alongside our mate, Nick Harris and later Catrin. New Zealand was our destination. We saw the beautiful South Island via Camper Van. Parked up one night by Lake Tekapo we heard a loud bang. Rich went to explore and came back with two huge trout for breakfast. We were a bit mystified. Turned out the local hoodlum took to dynamiting the lake leading to a whole load of fish... this was hush money as far as I could see, though the same man with the dynamite then dropped in to drink our bottle of whiskey and a memorable evening was had, following which we ate the fish. It was delicious.

The years went by, Rich and Catrin married as did Clare and I with Rich as our best man... he was typically late organising the stag do but that's a story for another day! Along came the kids, Morgan was the first of our friends' babies followed by Lois and our two Manon and Gruff. Rich was always superb with them all. In 2004 Clare and I moved back to mid Wales and into a then brand-new barn conversion at the farm. We had a very happy time socialising and helping Rich and Tom on the farm.

While living there, and with huge shock, Kerry, my mother, was diagnosed with MND. As ever Rich was very emotionally supportive and

warm and went on to organise a three peaks challenge of Ben Nevis, Scafell, and Snowdon, to raise money for the MND charity. On the middle mountain he suffered from awful chaff from his very short rugby shorts (you know the ones)... he dipped his sore behind in the river at the end of Scafell and the water almost boiled around him. We laughed at his expense. At the end of an exhausting 23 hrs as if by miracle a man we didn't know was there with a cold box and gave us all a beer... one of the best and cherished memories.

Holidays, parties, BBQ on the hill and other events followed as the kids grew up. Life was never dull and though periods of time often passed by without getting together, we always laughed at the same things and had so much common ground. Rich always operated at the edge making him the man he was and that came through in his writings and presentations on his travels and farming. He called me in during that lovely weather in the first Covid lockdown – the dairy was complete, the next chapter loomed. The "cows would be dry in January" he noted... "we must go skiing"! I agreed but it was not to be. A special man that I miss very much as do we all.

Richard Tudor

gan Dafydd Jones, Maesllwyni

Cafodd Richard a minne ein geni o fewn yr un mis, sef Mai 1974. Cystadlu yn ei erbyn gyda'r Ffermwyr Ifanc oedd fy nghysylltiad cyntaf ag ef. Roedd cystadleuaeth iach rhwng y ddau glwb, Dyffryn Banwy a Bro Ddyfi, yn enwedig mewn eitemau llwyfan – rhaid oedd anelu am safon uchel er mwyn maeddu'r clwb drws nesaf. Roedd hynny yn ei dro wedi golygu bod y ddau glwb wedi mynd ymlaen i fod yn llwyddiannus iawn mewn sawl cystadleuaeth yn genedlaethol.

Ar ddechrau'r mileniwm roedd y ddau ohonom wedi ymaelodi â Chymdeithas Tir Glas Bro Ddyfi. Yma, nid oedd cystadleuaeth rhyngom, dim ond cymdeithasu, dysgu a theithio. Cawsom sawl taith gofiadwy iawn, rhai tramor a rhai ar hyd a lled Prydain. Roedd criw bach ohonom yn dod at ein gilydd i drefnu rhaglen yn flynyddol ac roedd gwybodaeth a chysylltiadau eang Richard, yn golygu ein bod yn cael llawer o siaradwyr a lleoliadau diddorol i ymweld. Roedd Richard yn wych am drefnu teithiau, ac yn medru gwneud hynny yn hwylus a didrafferth.

Rwy'n cofio unwaith i mi gyd-deithio gydag ef i gynhadledd yng nghanolbarth Lloegr. Wrth deithio, mi rannodd hanes ei fore. Mi fuodd yn siarad yng nghymdeithas Tir Glas Aberteifi'r noson cynt a theithio adre yn oriau man y bore. Yna codi'n gynnar i fynd â llwyth o ŵyn efo tractor a threlar i'r lladd-dy yn Llanidloes, cyn dod yn ôl adre i ymolchi a newid i gael bod yn barod imi ei bigo i fyny am 8. Yn y gynhadledd mi enillodd un o wobrau'r dydd sef *Waitrose Producer, Leadership and Inspiration Award*. Dyna un enghraifft o ddiwrnod ym mywyd Richard – roedd yn llanw pob diwrnod i'r ymylon ac yn medru rheoli ei amser er mwyn cyflawni mwy.

Roedd ei frwdfrydedd a'i ymroddiad i fedru ymadael â'r fferm i deithio'n eang ac i astudio ac ymchwilio am syniadau a thechnegau newydd, a'i barodrwydd i rannu'r wybodaeth gydag eraill yn ennyn parch ac edmygedd ei gyfoedion.

Doedd Richard ddim yn unig yn ffrind ond yn ysbrydoliaeth i bawb a oedd yn ei adnabod. Mae'r golled yn fawr ar ei ôl.

Others will have rightly mentioned Richard's achievements, accolades and awards – but I imagine titles like husband, father, son, brother, and friend mattered more to him than any of those.

I first met Richard many years ago when he was still at Aberystwyth University. Then when I travelled to New Zealand in 1998, Richard generously shared advice and contacts with me, someone who had barely ventured beyond Adfa. One contact was Mount Linton Station, an iconic 30,000-acre farm. The manager, Paul McCarthy (not the ex-Beatle), clearly thought highly of Richard. When Richard told him Llysun was around 500 acres, Paul replied, "Yes, we're trying to fence some of our paddocks down to 500 acres!"

Our friendship grew from there. We often travelled together to Hybu Cig Cymru meetings. One of us was always late. No matter who it was, when we arrived, Richard would walk in deadpan: "Sorry everyone, John was late... again." He was so well respected that I was permanently in the doghouse.

One lasting image I have is from a train ride back from Glasgow – Richard squashed into Catrin's quilted coat. It still makes me smile.

He touched so many lives – serious, humble, funny, kind, and always respected for his knowledge and integrity. He was a great friend – and I miss him deeply.

John Yeomans

***

Does gen i ddim dewis ond i ddechrau drwy ddiolch i ti. Mae'r blynyddoedd o weithio yn dy gwmni wedi bod mor hawdd a diffwdan. Roeddet yn ddyn hoffus, llawn cyffro ac yn arweinydd y byddaf wastad yn edrych i fyny ato. Mae dy golled yn enfawr – dim yn unig yng Nghwm Banw ond ar draws Cymru a'r byd. Roeddet yn ddyn oedd yn deall creadur, yn bencampwr ar borfa a bob amser yn barod i helpu – dim bwys faint o waith oedd o dy flaen.

Diolch am fod yna i mi pan oeddwn angen siarad, dwi wedi dysgu'r cyfan gennyt ti a byddaf wastad yn ddyledus. Roedd dy agwedd bositif yn cyffroi unrhyw un. Rich, roeddet ti'n fwy na jyst 'bos' i mi, roeddet ti fel ffrind gore, fel brawd mawr, fel ail ted, yn fwy na dim yn arwr i mi a wna i byth dy anghofio. Always on the pulse, Rich T!

Thomos Goetre

Realiti sy'n teimlo'n annerbyniol, yw colled fy nghydymaith.
Ifanc y teimlais gydag ef, edmygol oedd ei weledigaeth.
Chwerthin a wnaethom fel teulu a ffrindiau, daeth a chyfoeth i'n dyddiau oll.
Hiraethwn am ei haelioni a'i ddrygioni, heb Rich yr ydym ar goll.
gan deulu Neuadd Wen

To a precious life came a sudden end.
He lived as he died, everyone's friend.
gan Margaret Dalton a'r teulu

Gwyn dy fyd y gŵr o Faldwyn,
Barchus ffrind a wyddom oll.
Wedi'th golli nawr mor sydyn,
Un o'n hoelion wyth ein Richard Llysun.
gan Iwan Pugh Jones (Penygraig)

Chwithdod cynnes-oer,
Cryndod dan gymylau duon,
Cerbyd, cawell, amdo.
Yn niniweidrwydd gwanwyn
A "dyddiau dyn fel glaswelltyn",
Bydd gwreiddiau a thyfiant eto.
gan Tom Plascoch

Er yn onest – ymestyn ein dwylo
I dawelu deigryn
Yn y rhwyg, ni ŵyr yr un
Alar yr unigolyn.
gan Merched y Wawr

Family collect special award on behalf of fallen farmer

by Matt Jones (*Powys County Times*)

Richard's wife Catrin, as well as son Morgan and daughter Lois, receive the award from show president Harry Fetherstonhaugh. (Picture by Phil Blagg Photography.)

THE family of an admired farmer killed in a tragic tractor incident last year collected a special award on his behalf at the Royal Welsh Winter Fair this week.

The Tudor family, from Llanerfyl, received the CARAS (Council for Awards of Royal Agricultural Societies) Fellowship at the opening ceremony of the Winter Fair on Monday, November 29; the popular agricultural event returning after a two-year hiatus due to the Covid-19 pandemic.

The family received the award on behalf of the late Richard Tudor. CARAS Fellowship rewards individuals' outstanding contribution to the agricultural sector through the awards of associateship and fellowship.

Richard, 45, was a highly respected and well-known figure in the agricultural industry in Mid Wales and beyond, whose death in April 2020 shocked and saddened the local community, as well as further afield. Richard's achievements were reflected on at the opening ceremony of the Winter Fair, in Llanelwedd, just outside Builth Wells, where his family – wife

Catrin and children Morgan and Lois – were presented with the award.

Son Morgan continues to run the family's Llysun farm and was one of three national finalists for BBC Countryfile Young Countryside Champion award.

A Royal Welsh Agricultural Society spokesperson said: "We are delighted that Morgan was one of just three national finalists for the Countryfile Young Countryside Champion award, which is an award presented annually by BBC Countryfile, and celebrates young people who are making a positive impact in the countryside.

"Morgan is a truly inspirational young person with great drive, passion and determination, and fully supported by his family, ensuring that Richard's legacy lives on."

At the time of his death Richard was in the process of converting the 290-hectare farm from beef to dairy and that conversion was on the brink of completion. With a new rotary parlour installed, milking started in early spring 2020.

His family paid tribute to him, with wife Catrin describing him as a loving husband of 20 years and an "incredibly hard-working" farmer who took "immense pride" in his work.

There was also an outpouring of tributes across Powys too, from farming bodies to football clubs, schools and politicians.

Farming union NFU Cymru said: "Richard was a great man who gave so much to Welsh and British agriculture and his loss will be deeply felt by all those who knew him."

Richard was a well-known figure in the community and was chair of the board of governors at Ysgol Dyffryn Banw, as well as a former Dyffryn Banw FC manager, and wrote a monthly farming column in Welsh language paper *Plu'r Gweunydd.*

Politicians including the presiding officer Elin Jones described Mr Tudor's death as a "cruel loss", while Brecon and Radnorshire MP Fay Jones said he was "the future of Welsh farming and had so much to give". Former Montgomeryshire MP Glyn Davies said the loss would have a "wide impact" in the county.

Morgan and the family now continue with Richard's dream for dairy farming at Llysun and are planning for a future built on Richard's vision, leadership and outstanding legacy.

Diolchiadau

Diolch i Bwyllgor Cronfa Gwobr Llanbrynmair am eu nawdd a'u cefnogaeth barod er mwyn cyhoeddi erthyglau Richard.

Hoffwn ddiolch hefyd i bwyllgor *Plu'r Gweunydd*, yn arbennig Mary Steel a Catrin ac Alwyn Hughes, am roi'r hawl i ni ail argraffu'r erthyglau, ac yn enwedig am anfon yr holl luniau atom. Yn yr un modd, diolch i *County Times* am gael cynnwys un o'u herthyglau ac i'r ffotograffwyr Richard Stanton a Ruth Rees am eu lluniau.

Diolchwn hefyd i bawb sydd wedi cyfrannu at y llyfr drwy rannu eu hatgofion am Richard a'u teyrngedau. Yn olaf, anferth o ddiolch o'r galon i Teleri Haf am ei harweiniad parhaus, diflino yn golygu ac yn cynghori ar bob rhan or llyfr ac i Eifion Jenkins am olygu, i Tom Jones, Plascoch am ei gyngor, ac i'r Lolfa am eu cymorth wrth gyhoeddi'r llyfr.

Mae'r diolch mwyaf i'r teulu wrth gwrs am fy nghefnogi ym mhob ffordd bosib i gyhoeddi'r llyfr gan fy helpu i ddewis a dethol lluniau a theyrngedau i gofio am Richard.

Ar y Daith Ola

gan Arwyn Gro

Ar y daith ola'
O'i odro, codi gwydryn – hael o laeth,
O wlith dolydd Llysun;
A dod i ddrachtio wedyn
O'i daith, fel Richard ei hun.